佐賀偉人伝——09

佐野 常民

國 雄行 著

佐賀偉人伝09　佐野常民目次

序章　パリのサムライ

時は幕末、所はパリのシャンドマルス公園。この広大な公園では世界から四十二ヶ国が集い、盛大に万国博覧会が開催されていた。ところが会場のクルップ社のコーナーには、華やかな雰囲気をブチ壊すような巨大な大砲が展示されていた。さらにこの巨大砲を一人のチョンマゲを結ったサムライが凝視しており、雰囲気の異様さを増していた。このサムライこそ、本書の主役、佐賀藩の代表としてパリにやってきた佐野常民《さのつねたみ》であった。

パリは何度も博覧会が開催されてきた都市である。その始まりは一七九八年に開催された第一回内国博覧会である。この博覧会は評判となり、回数を重ねて拡大していった。この間、ヨーロッパ各地でも博覧会が開催されるようになり、一八五一年にはロンドンで世界初の万国博覧会が開催された。輪転機や蒸気ハンマー、蒸気機関車などの最新技術を駆使した機械類の展示は大評判となり、六百万もの人を集めた。フランスも一八五五年からパリで万国博を開催するようになった。佐野が参加したのは一八六七年の第二回パリ万国博であった。

佐野常民は日本赤十字社（博愛社）の創始者として知られている。それは、明

パリ万国博覧会に展示されたクルップ砲を描いた図／「The Illustrated London News」1867 年 8 月 31 日

治時代の日本に、戦場において敵味方を問わず創傷兵を救護する団体を設立し、この世を去るまで赤十字の活動に尽力したからである。この功績は比類なきものであるが、佐野はそのほかにも多くの分野で多大な功績を残している。例えば近代日本において博覧会の導入に貢献するとともに、日本美術の復興に奔走した。さらに政府に海軍創設を説いたり、徴兵令改正や教育令の審議、財政策の提案、そして大日本帝国憲法の制定にまで深く関与したのである。そこで本書では、佐野が、幕末において経験した事柄を描いたのち、近代日本の国家建設にどのように寄与していったのか明らかにしていこうと思う。

　佐野は、鱗三郎《りんざぶろう》→栄寿《えいじゅ》→栄寿左衛門《えいじゅざえもん》→常民と名前を変えるが、本書では煩雑さをさけるために常民に統一する。同じように佐賀藩主鍋島直正《なべしまなおまさ》も貞丸《さだまる》→直正《なおまさ》→斉《なり》正《まさ》→直正と名を変え閑叟《かんそう》と号するが、直正に統一する。また引用した史料は現代語に改め、要約または省略したものもある。その出典は主に文末のカッコ内に記したので、詳細は巻末の参考文献で確認されたい。なお本書は多くの先学の研究成果を盛り込んでいるが、一般書という性格上、文章中に出典を表記できなかったので、これも巻末の参考文献を参照されたい。

佐野常民／日本赤十字社蔵

第一章　佐賀藩における佐野常民の活躍

誕生と修行時代

文政五年（一八二二）、遠く阿蘇の山中に源を発し、有明海にそそぐ筑後川、その支流である早津江川《はやつえがわ》の西岸の地（現佐賀市川副町）に常民は生まれた。父は佐賀藩士・下村充贇《みつよし》である。常民は幼少の頃は有明海で貝拾いをしたり、川べりでホタル狩りをして、平穏のうちに過ごしたという。

天保元年（一八三〇）、鍋島直正が佐賀藩の十代藩主に就任した。直正は文武奨励の一環として藩校・弘道館を重要視し、儒学者・古賀穀堂《こがこくどう》（古賀精里《こがせいり》の長男）が人材育成や学校教育などを説いた「学政管見」にそって藩の教育政策を遂行していった。天保三年、常民は十一歳になると藩医をつとめる佐野常徴《さのつねみ》（儒《じゅ》仙《せん》）の養子となり、医者を志すこととなった。この時、前藩主・鍋島斉直《なべしまなりなお》から名を賜り「栄寿」と称したのである。天保五年に弘道館の外生《がいせい》（小学生）となり、翌年、十四歳で内生《ないせい》（大学生）となった。通常、内生となるのは十五、六歳で、佐野の例は稀であったという。このように、少年時代の佐野の生活は順風満

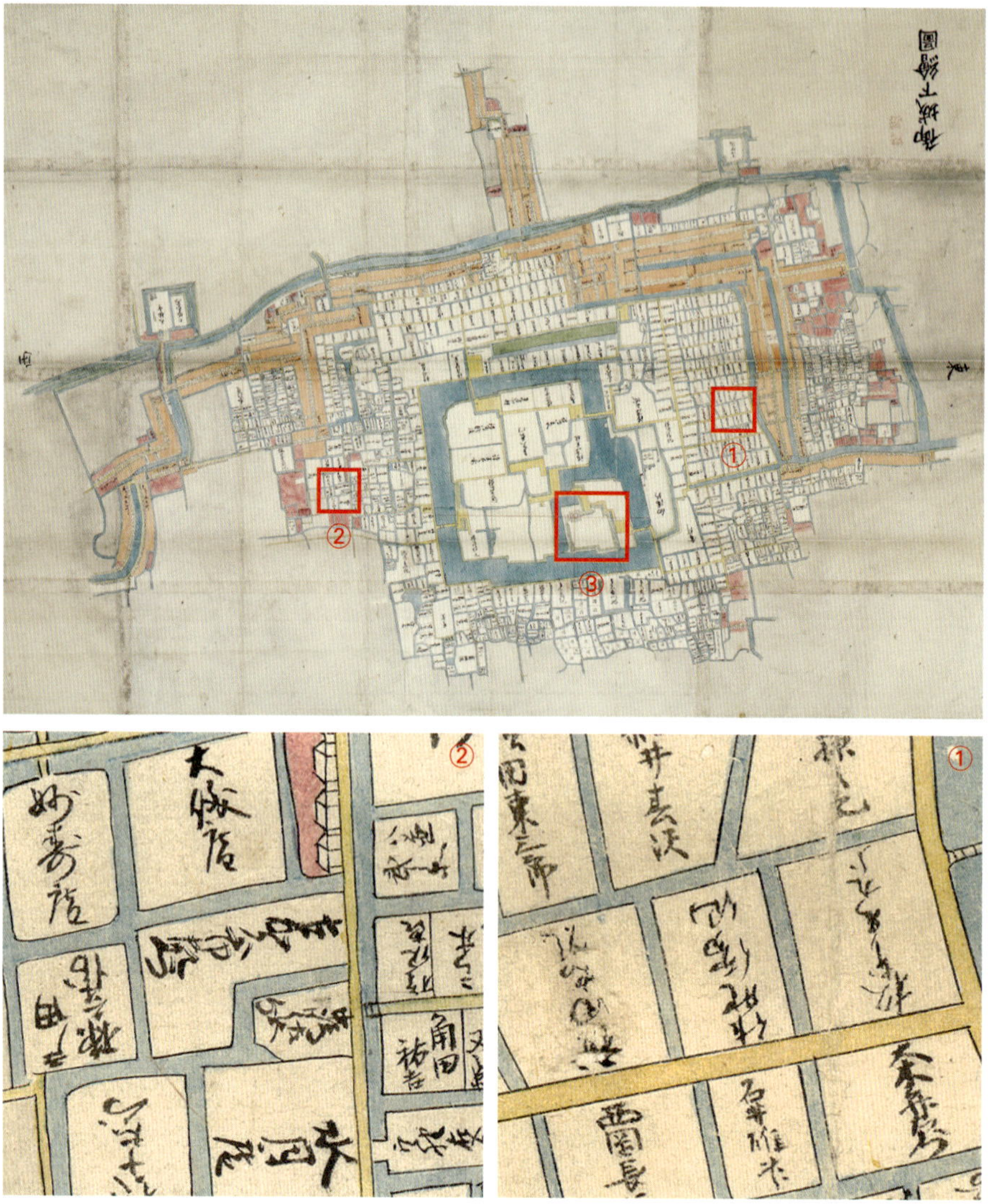

文化御城下絵図（1810 年頃）　①②はそれぞれ中央に「佐野儒仙」（佐野常民の養父）、「古賀市左衛門」の屋敷が表記されている。②は古賀穀堂の住居にあたる。③は佐賀城本丸（現在の佐賀城本丸歴史館）。
財団法人鍋島報效会蔵

右から古賀精里、穀堂、侗庵の肖像画
佐賀県立博物館蔵

帆にみえた。

――ところがこんな話が残っている。時は明治二十五年（一八九二）、所は東京である（『読売新聞』五月十六日付）。

とある貴人宅、その座敷の敷物に座る小犬の狆《ちん》がいた。小犬ながら、その態度は傲慢で、しかも泰然としていた、この狆をみて、一人の老紳士が人目も憚《はばか》らずポロポロと涙をこぼしていた。老紳士は十一歳の時に医家の養子となったが、その養父母は、飼い犬の狆を溺愛するあまり、食事の際は、養子の少年よりも狆を上座に置き、魚肉の最良の部分は狆に与え、残りを少年に与える始末であった。

老紳士は狆をみるや辛い思い出が甦ったのである。この老紳士こそ七十歳になる佐野常民であった。弘道館における破竹の勢いとは異なり、私生活はあまり恵まれていなかったようである。

天保八年、佐野は養父・常徴のいる江戸にのぼり、翌年、古賀侗庵《こがとうあん》（穀堂の弟）のもとで学ぶが、同十年、養父の帰国とともに佐賀に戻り、医者になるための修行に励むこととなった。同十三年には佐野家の養女であった駒子《こまこ》と結婚した。二人とも二十一歳であった。

さて、佐野が弘道館で薫陶を受けた古賀穀堂は、儒学者でありながら蘭学の重要性を認めていた。「学政管見」では、蘭学はオランダの学問という意味ではな

伊東玄朴／伊東栄『伊東玄朴伝』玄文社

く、世界全般のことを極めるものであり、長崎警護を担当する佐賀藩としては、その蘭学を学ばなければならないと説いている。また、学才のある者を選んで江戸や大坂などに遊学させることも説いているが、もし、遊学中に「ヨロシカラヌコト相シレタラバ」、呼び戻されることまで記していた（『佐賀県教育史』一）。

直正に学才を見込まれた佐野は、弘化三年（一八四六）、京都の蘭学者・広瀬《ひろせ》元恭《げんきょう》のもとに派遣され、その二年後には大坂の緒方洪庵《おがたこうあん》の適塾《てきじゅく》、翌年には江戸の蘭方医・伊東玄朴《いとうげんぼく》の象先堂《しょうせんどう》などで蘭学を学んでいくのである。

この時の蘭学の学習法は、原書の一頁目から辞書を引いて一語ずつ訳出していくというものであった。それゆえ蘭和辞典は大変貴重であり、塾生の取り合いになる場合が多かった。そこで象先堂時代の佐野は、塾生たちが寝静まる深夜にひそかに起き、『ヅーフ・ハルマ』（オランダ商館長ドゥーフの編纂といわれる蘭和辞典）を座右に置いて学問に励んだという。当時の象先堂には薩摩の寺島宗則《てらしまむねのり》や長州の大村益次郎《おおむらますじろう》ら、多くの俊才がそろっていたが、その中でも猛勉強の成果が実った佐野が塾頭に選ばれた。佐野が猛勉強した理由の一つは、西洋科学に興味を持つ直正の質問に答えるためであったという。

嘉永四年（一八五一）に江戸遊学を終えた佐野は、直正の意を汲み、化学者・中村奇輔《なかむらきすけ》や技術者の田中儀右衛門《たなかぎえもん》父子、蘭学者・石黒寛次《いしぐろかんじ》（貫二、のち直寛）を伴って佐賀に帰藩した。一方、佐野は佐賀にとどまらず長崎で私塾を開いている。この年、佐野は三十歳を迎えた。

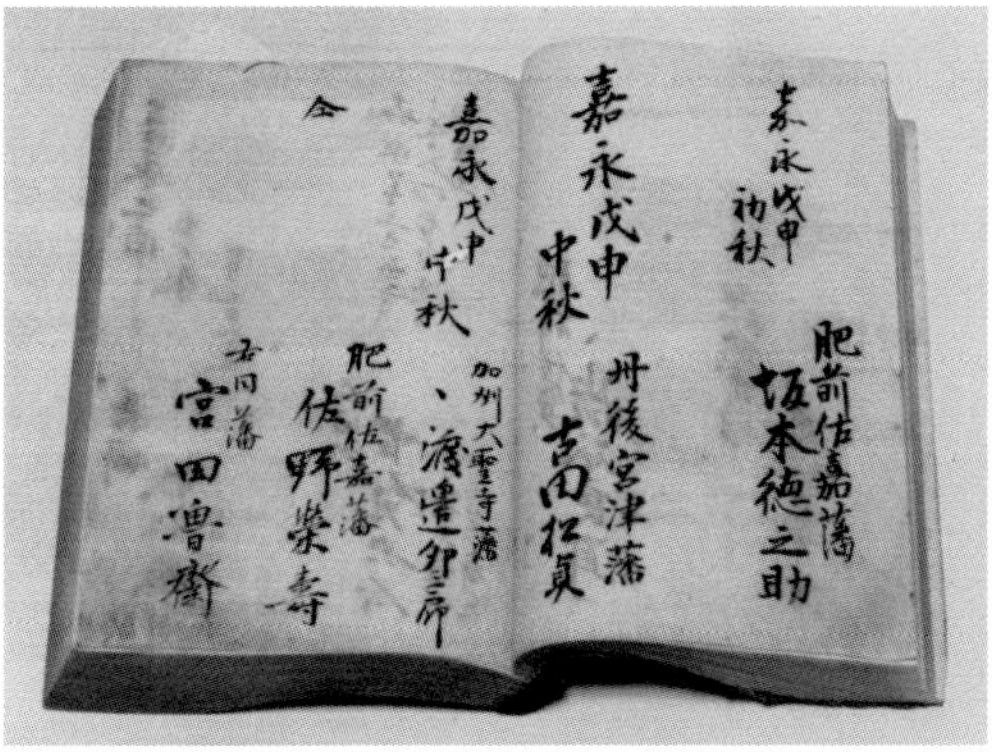

適塾の姓名録／日本学士院蔵

ヅーフ・ハルマ質入れ事件

佐野は象先堂時代に信じがたい事件を起こす。塾生の誰よりも『ヅーフ・ハルマ』の重要性がわかっているはずの佐野が、それを質に入れてしまったのである。伊東栄著『伊東玄朴伝』（大正五年刊）の中で、この事件を語っているのは、鍋島直正の近侍をつとめ、のちに帝国大学（東京大学）教授となる久米《くめ》邦武《くにたけ》である。久米によると、嘉永六年（一八五三）にペリー艦隊が来航した際、書生たちが盛んに集会を開いたが、佐野もこれに狂奔して多額の遊蕩費を使い、支払いに困って『ヅーフ・ハルマ』を質に入れてしまった。もちろん、すぐに玄朴に知れて大叱責を受け、破門を申し渡されたのであるが、進退窮まった佐野が、玄朴と刺し違えて死ぬといいだし、困った玄朴が破門を取り消し、その後、藩邸の取り計らいにより佐賀に帰されたというのである。

しかしながら、ペリー来航時、佐野はすでに佐賀に戻っており、この部分は誤りである。さらに不審な点がある。実は久米邦武が著した『鍋島直正公伝』（四編十五～十七頁）には、この事件が書かれているもの（以下A）と、別の記事に差し替えられているもの（以下B）が存在するのである（A・Bとも大正九年刊）。Aは国会図書館・近代デジタルライブラリーで閲覧可能、Bは昭和四十八年に復刻版が発行されている。

Aには『伊東玄朴伝』に記載されたペリー来航の件《くだり》はないが、破門の経緯《いきさつ》についてはさらに詳しい。すなわち、破門を宣告された佐野が、機転を利かせて顔色

ヅーフ・ハルマ／早稲田大学図書館蔵

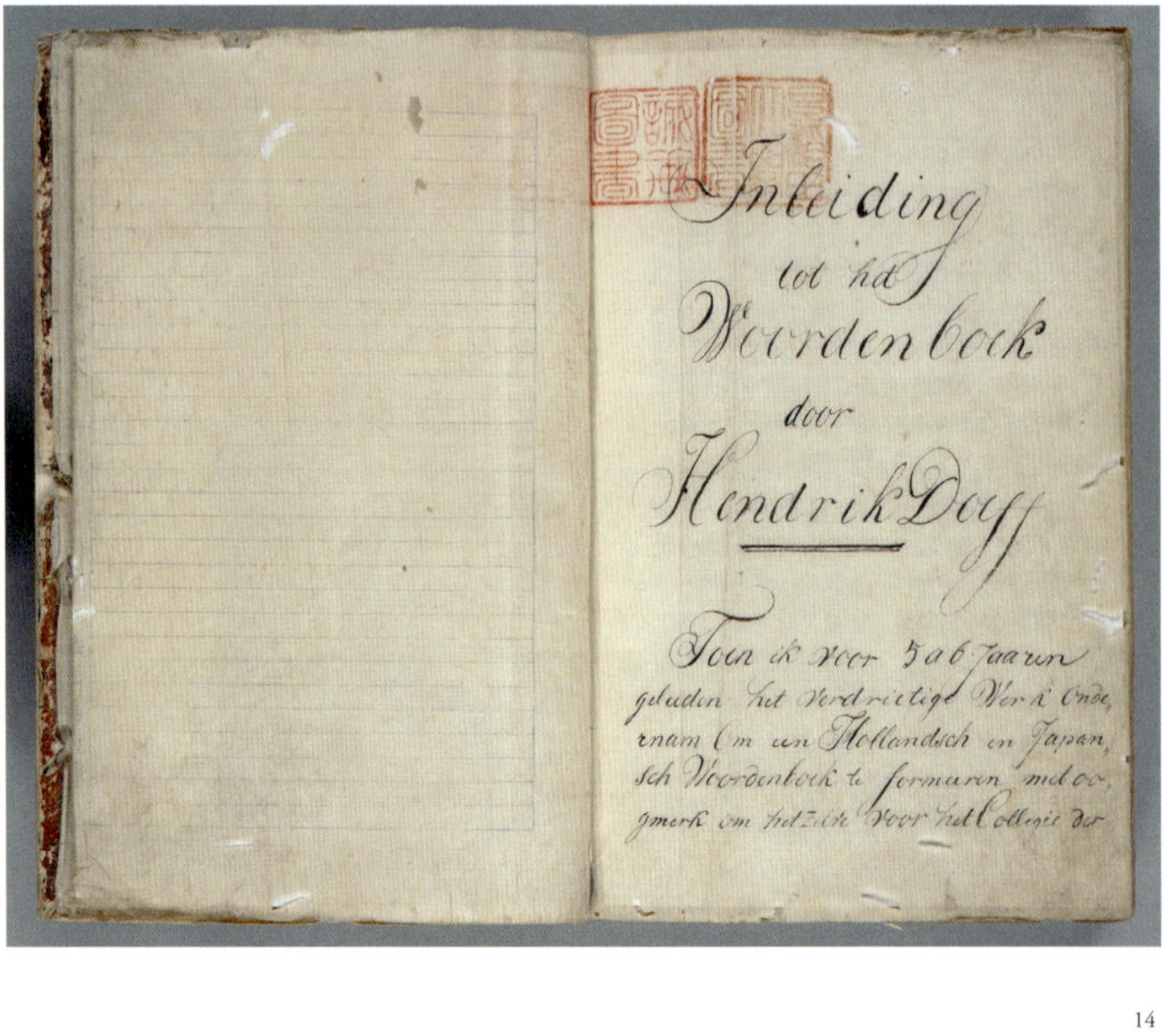

Inleiding
tot het
Woordenboek
door
Hendrik Doeff

Toen ik voor 5 a 6 jaaren
geleden het verdrietige Werk onde,
rnam om een Hollandsch en Japan,
sch Woordenboek te formeren met oo,
gmerk om het Zelve voor het Collegie der

同上

田中儀右衛門

石黒寛次

を変え、「誠に申し訳ないが、破門となれば金銭上の失態が暴露され、前途の望みも絶たれるので、死ぬより他は無い、ここは師とともに死にます」といって刀を捉えて決心したとある。そして、藩邸が「佐野は才子だが、勉強せずに道楽の交友にふけっており成業の望みはなし」として帰国させたという。さらに、佐野は自分の汚名を拭うために、直正が望んでいた化学・技術者を佐賀に連れ帰ったというのである。つまり、中村らを連れ帰ったのは佐野の弥縫策なのである。一方、Bではこの部分がすっかり差し替えられ、前節で述べた蘭学の学習法と、佐野が深夜に起きて勉強したことが書かれている。

AとBの違いは、久米が何らかの誤りに気づいて差し替えたのか、はたまた出版前後に、どこからか削除要求があったのか、はっきりしない。しかし、久米が『伊東玄朴伝』と『鍋島直正公伝』で二回も同じ過ちを犯すとは考えにくいし、佐野が塾生の最も大切な辞書を質入れすることも考えにくい。謎は解けないままである。

精煉方主任となる

佐賀藩は相次ぐ外国船の出没により長崎警護を強化する必要に迫られ、天保十五年（一八四四）には火術方《かじゅつかた》を設けて砲術研究を開始すると、嘉永三年（一八五〇）には反射炉を築き大砲の鋳造に向けて動き出した。同五年秋には精煉方を設置し、佐野が連れ帰った中村奇輔らが化学実験や蒸気機関研究に励むこととなったが、そう簡単に成果はあがらなかった。藩内からは政費節減のため精煉方廃止の意見も出たが、鍋島直正が「これは自分の道楽なので、制限するな」といい、事業を継続させたのである（『鍋島直正公伝』四編）。

嘉永六年六月、浦賀にペリー艦隊が出現し、翌月にはプチャーチン率いるロシア艦隊が長崎に来航した。この時、中村奇輔が幕府役人に同行してロシア艦を訪問し、士官に蒸気車模型の運転を見せてもらった。士官は熱湯を持って来て模型の中に入れ、アルコール器に火を点じた。すると沸騰した音が鳴って煙筒から煙が立ちのぼり、ネジをひねるとたちまち車輪が動き出し、円盤上を速やかに走り回った。またネジをひねると車輪が止まった。これを再三繰り返したが、中村はその構造が理解できなかった。しかし、この謎は後年の海軍伝習において解明されることになる。

この時、佐野は長崎で塾を開いており、旧友の元・適塾々長の渡邉《わたなべ》卯三郎《うさぶろう》らが集まり、塾の運営は軌道に乗りかけていた。長崎に出張していた佐賀藩士・伊東《いとう》次兵衛《じへえ》の日記には、プチャーチン来航の記事とともに、藩士の「永渕嘉兵衛が病気なので、佐野栄寿とその弟子が治療を行った」と、佐野が医業に励んでいたことも記されている（『佐賀県近世史料』五―一）。

ペリーやプチャーチンの来航により精煉方の事業を急務と判断した直正は、急遽、佐野に帰郷して精煉方を統率することを命じた。佐野は塾を拡張したい旨を上申したが聞き入れられず、「栄寿左衛門《えいじゅざえもん》」という名を与えられて精煉方主任となり、蓄髪を命じられた（当時の医者には坊主頭が多かった）。髪はすぐに生えるものではないので、佐野はしばらくカツラをつけて出仕したという。

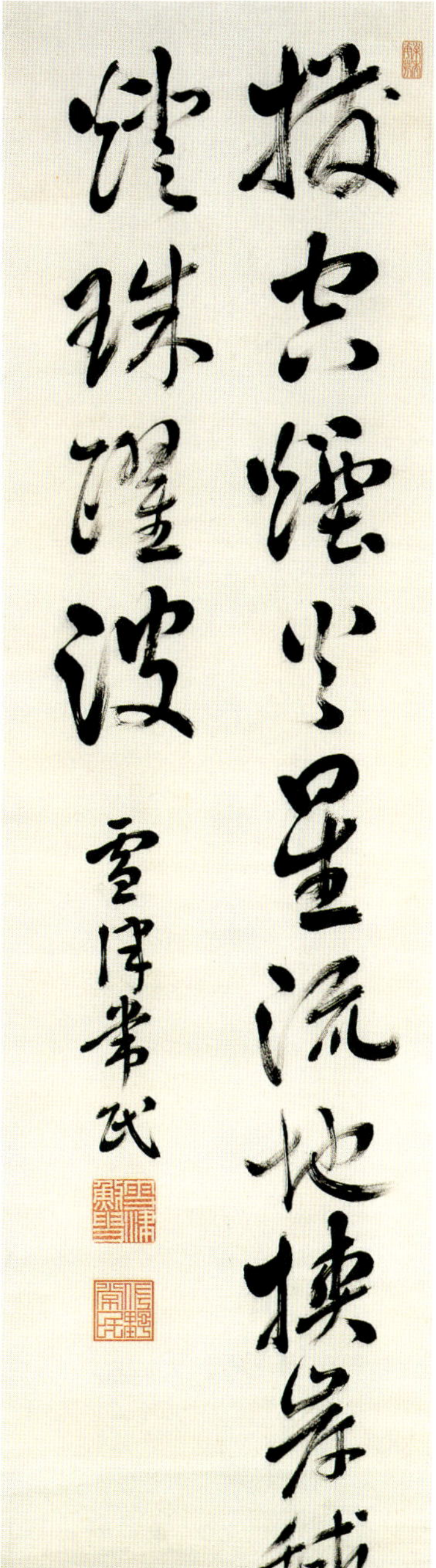

佐野常民書七言句　撥空煙火星流地。揳岸毬燈珠躍波。雪津常民。／佐賀県立博物館蔵

嘉永六年十一月、直正は精煉方の業務の一つとして洋書分析や、銃砲、汽車・汽船などの研究を進めるため、秘事取調方を設置し、火薬製法や砲弾製造法などの研究を進めさせた。

近年、松田清氏が鍋島家の洋書管理・出納の目録を復元された。目録には洋書を借用した者の署名があり、これにより佐野が次のような洋書を借りていることがわかる。

①航海術関係

スワルト『実践航海術提要』、ピラール『航海術の理論と実践』など

②軍事関係

セーラハ『オランダ砲兵用輸送教本』、ピラール『海軍砲兵通説稿』など

③機械学関係

フルダム『応用機械学基礎』、ハルテ『機械総覧　蒸気器械その他の理論的実践的通説』など

④辞書類

ドゥーフ『阿蘭陀辞書和解』（写本）、クラームルス『世界地理辞典』など

佐野は『阿蘭陀辞書和解』（例のヅーフ・ハルマ）などの辞書を駆使して、蒸気船の製造と航海などについて研究していたと思われる。

第二章　長崎海軍伝習所

二度の予備伝習

嘉永七年（一八五四）三月、日米和親条約が締結され、日本は開国した。ペリーの砲艦外交に屈した幕府は、自らも軍事力を高めるために海軍創設に動き出し、軍艦購入や海軍伝習所設立を決定した。さらに伝習所の開設準備期間には、長崎の地役人と佐賀・福岡藩士に対して、オランダ海軍による三ヶ月程度の予備伝習を実施した。

予備伝習を担当したファビウス中佐は、閏七月三日の日記に「聴講生の未知の分野について、通訳を介して教えるのはなかなか骨が折れ」たと記すが、四日後には「二十人の日本人に蒸気機関とそれに関する問題について講義した。彼らは高度な知性をそなえていて、もうすでに進歩の跡を見せている」と記している（『海国日本の夜明け』。以下、ファビウス日記の出典はこれに同じ）。精煉方からは中村奇輔、田中儀右衛門らが伝習に参加しており、彼らはすでに洋書から知識を得ていたため修得も早かったと思われる。この後、鍋島直正の要望を入れた幕

ファビウス
『海国日本の夜明け』（思文閣出版）

長崎海軍伝習所図（陣内松齢筆）／佐賀城本丸歴史館蔵

観光丸（スンビン号）模型
佐賀県立博物館蔵（原資料：鉄道博物館）

府は佐賀藩のみの伝習を許可し、砲術や造船術などの講義が行われた。

ファビウスは九月に長崎を発ち帰国したが、翌安政二年（一八五五）六月、今度はヘデー号艦長兼オランダ海軍日本派遣司令官として、幕府に献呈されるスンビン号を率いて再び来日した。早速、予備伝習が開始され、佐野常民も参加した。さらに今回から佐賀藩士が原書を携帯してオランダ商館に出入りすることも許された。佐賀藩はファビウスに対し、船具や修理機械、工場新設に必要な器具、炭鉱・銅山の洋式開発に必要な用具、蒸気機関・造船・操船に関する新著出版の有無など、多岐にわたって質問をしている。ファビウスは、これらの質問に真摯に答え、「日本の大名が自領の産業振興のみならず、領地の軍備強化と藩民教育の増進を図る意欲に燃えてきた」と日記にしたためている。また、直正は七月二十五日にヘデー号を訪艦した際、蒸気艦を注文した。

そして、九月十三日、ついに予備伝習の成果があらわれた。伝習生たちがオランダ人の手を借りずに小型蒸気船を操り、長崎港を巧みに航行したのである。ファビウスは「最初私が当地を訪れた時に、これらの伝習生たちの蒸気機関の知識は乏しかった。天使がスンビン号の機械を創造したのかと尋ねたほどだった」と感慨深げに日記に残している。

ファビウスは熱心に伝習を行ったが、もちろん、これが善意だけで行われたのではない。ファビウスは伝習により「日本とオランダが結び付き、我が国の商工業に多額な営利をもたらすようになれば、オランダにとって実に幸運なことである」と記しているのである。彼の任務はオランダと日本との間に密接な関係を築

ペルス・ライケン
『海国日本の夜明け』（思文閣出版）

き、自国に利益をもたらすことであった。ファビウスは任務を終えると十月に帰国した。

長崎海軍伝習所

安政二年（一八五五）十月、オランダの第一次派遣隊司令官ペルス・ライケンを長とし、観光丸（スンビン号）を練習艦として海軍伝習が始まった。福岡藩や熊本藩などからの参加もあったが、佐賀藩が一番の大所帯で、派遣した藩士は延べ四十八名にのぼった。

幕府の代表、勝麟太郎《かつりんたろう》（海舟）は「伝習生の進退や船舶の事は、佐野栄寿左衛門が頭領となって周旋したので、伝習生は各藩より優れ、習熟も最も速かった」と述べている（『海軍歴史』）。佐野は伝習生を監督し、放課後には出島に伝習生を連れて行き、ライケンから指導を受けるなどした。最初の実習は岸から沖に停泊する観光丸までの交通艇をつくることであったが、幕府伝習生がこれををつくると、佐賀藩伝習生もこれをまねてたちまち交通艇をつくってしまった。佐賀藩が他藩よりも抜きんでたのは佐野の力によるところも大きかったのであろうが、幕府へのライバル心も、習熟速成の原動力となったようである。

安政三年七月八日、ファビウスがメデュサ号で三度目の来日を果たした。佐野は後年、「ファビウスは長崎に三回渡来したが、毎回、別の新汽艦に乗ってくるので、オランダは小国なのに新製の軍艦が多いことに驚き、我が藩も軍艦を備える必要を感じた」と語っている（「海軍拡張論」）。八月一日、佐賀藩伝習生がメデュサ号を訪れ、ファビウスが前年残していった海事雑誌の図面に従って製作した器械とプロペラの雛形を持参した。ファビウスは「木製雛形は驚嘆に値するほどとても美しく、精確に作られていた」と驚いている。佐野はファビウスからオランダの海軍力を見せつけられたが、ファビウスは佐賀藩伝習生が持つ技術力を見せつけられたのである。

安政四年八月、幕府がオランダに注文した蒸気船ヤパン号（咸臨丸）が長崎に回航されてきた。伝習担当もライケンから第二次派遣隊司令官のハイセン・ファン・カッテンディィケに引き継がれた。

伝習中も精煉方では洋書を参考に諸々の品を製作しており、疑問が生じるとオランダ人に教えを受けていたようだ。精煉方が製作した代表的なものとして電信機がある。嘉永七年（一八五四）にオランダ国王が幕府に電信機を献上したことを知った精煉方が、鍋島直正にその利器なることを上申し、これを理解した直正が精煉方に製作を命じたのである。電信機は安政四年に完成し、薩摩藩の島津斉彬《しまづなりあきら》に披露することとなり、佐野と中村奇輔らは鹿児島にむかった。斉彬は大喜びして様々な質問をしたという。中村は「機械は発明するまでが難しいが、すでに図説に著されているものは、資本さえあれば容易に製造することができる」と応え、その座にいた者たちの畏敬を集めたという。

さて、観光丸は通常の伝習では各藩士も使用できたが、航海演習の際には幕府専用となってしまうため、佐賀藩としては自藩の伝習船が是非とも必要であった。そんな折り、安政四年五月に長崎港にオランダ船が三隻入港した。佐賀藩はこの

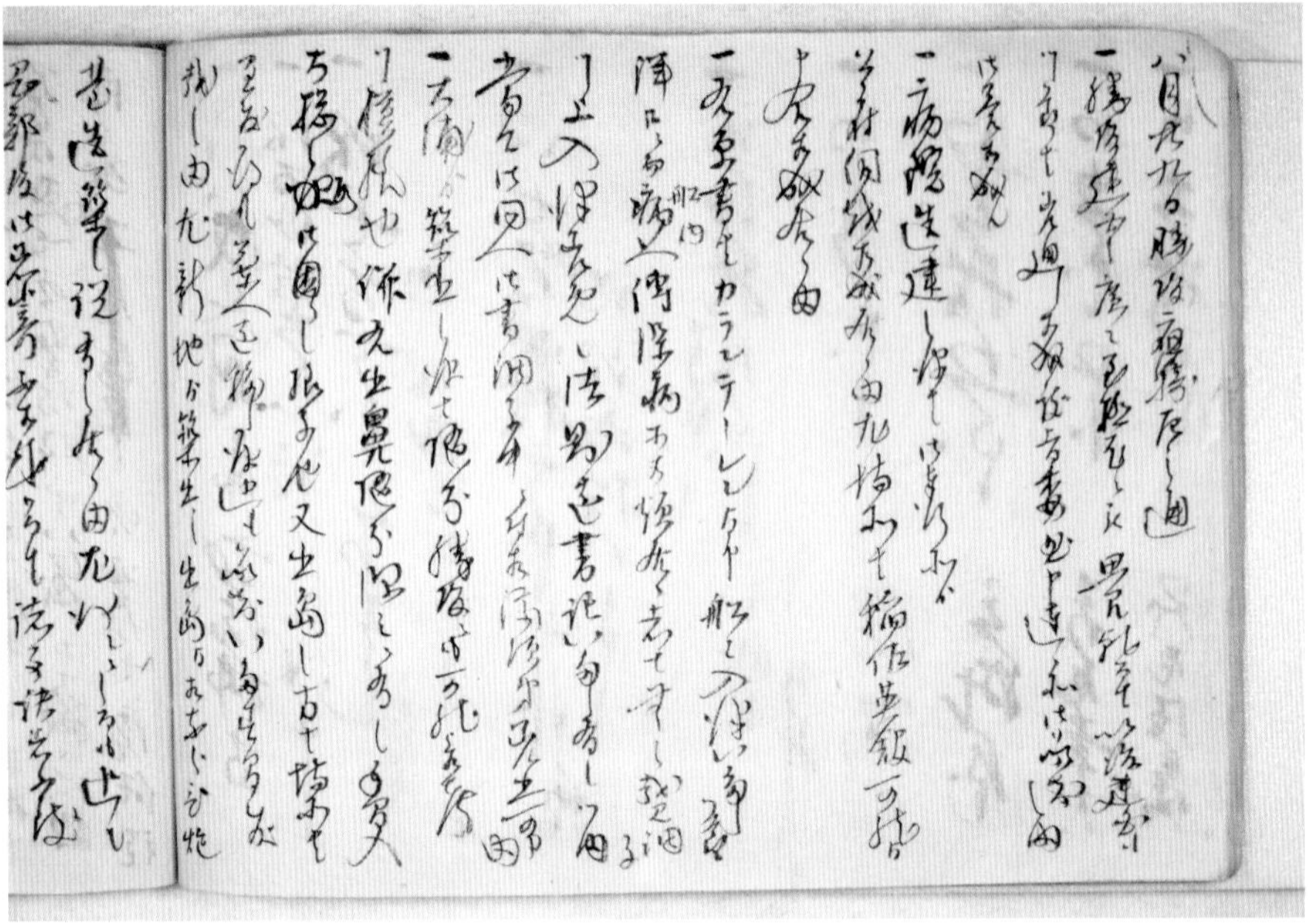

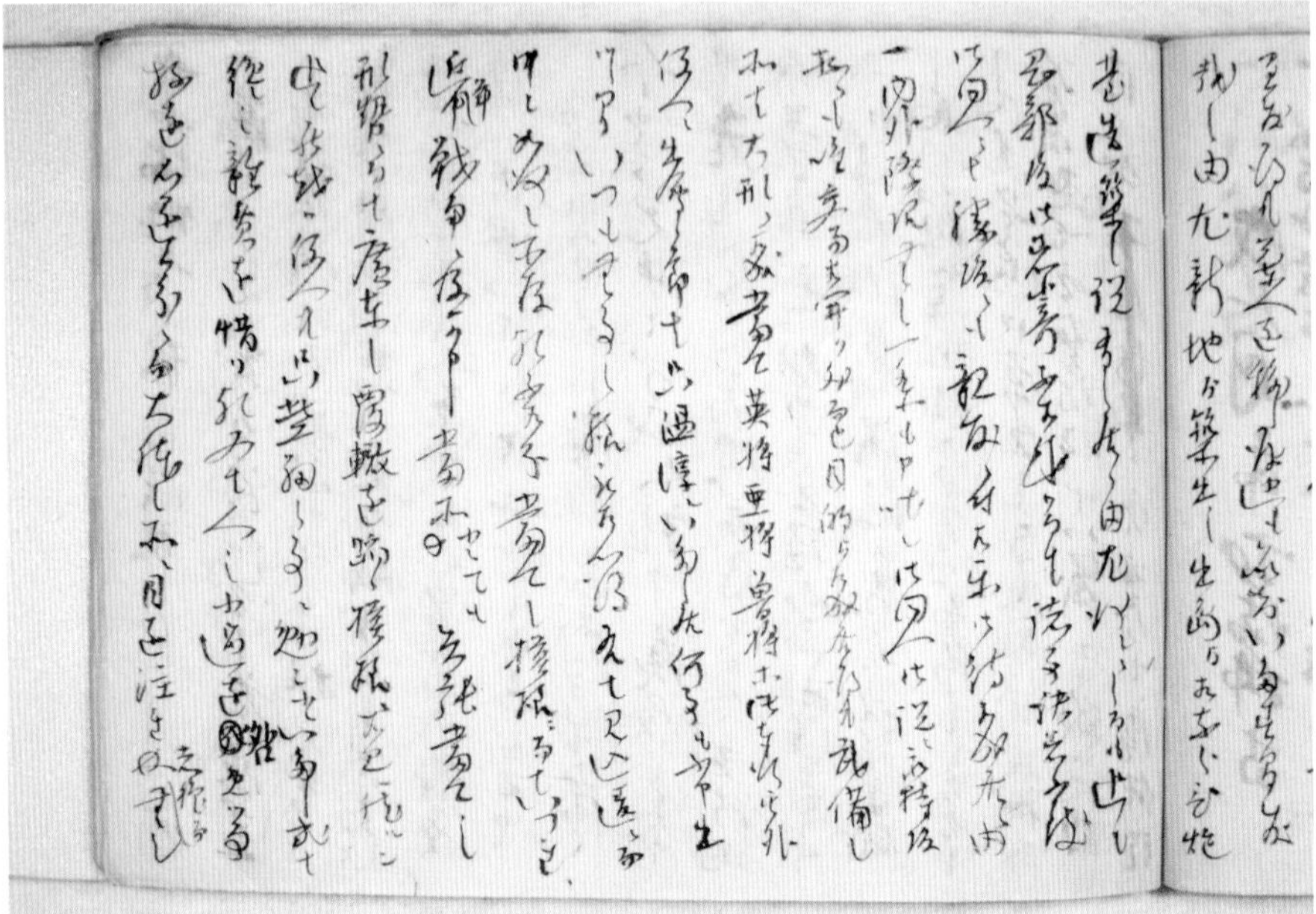

佐野常民『安政五年日記』 右上から「八月廿九日勝殿応接左之通……」と記されている
佐野常民記念館蔵

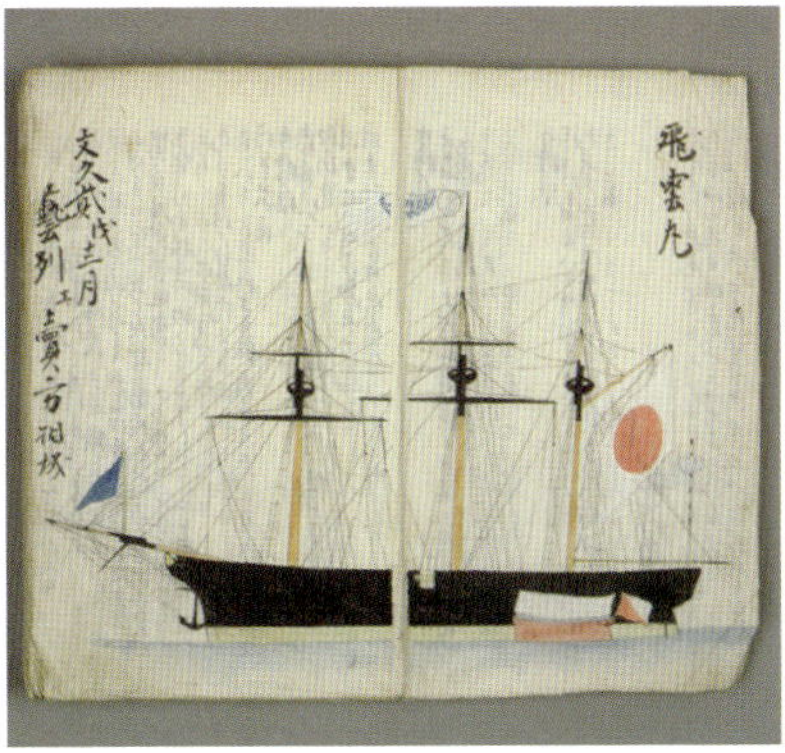

飛雲丸と電流丸（『白帆注進外国船出入注進』）
財団法人鍋島報效会蔵
（佐賀県立図書館寄託〈鍋 252-56〉）

うちの小型帆船にねらいをつけ、佐野らが調査した後、長崎奉行の許可を得て購入することとなった。佐賀藩が初めて所有した西洋型帆船は飛雲丸《ひうんまる》と名付けられ、佐野が船長となった。佐賀藩に引き渡された日には佐野宅で宴会が開かれたという。さらに佐賀藩は十一月から長崎で小型帆船の製造に着手した。十一日の起工式には佐賀藩からは佐野をはじめ船大工が、オランダからは商館長ら三十余名が参加し、双方が交互に釘を打つ式が行われた。この船は翌五年四月に完成して晨《しん》風丸《ぷうまる》と名付けられた。長崎港には幕府の観光丸、咸臨丸、鵬翔丸（安政五年にイギリスから購入）、そして佐賀藩所有の二隻が浮かぶこととなった。

長崎海軍伝習所の閉鎖

安政五年（一八五八）三月、佐賀藩はオランダ人を招いて飛雲丸の航海実習を行ったが、途中で風が止んでしまったために停泊し、翌日、今度は逆風に見舞われ、翌々日に引き船にて帰還するという有様であった。帆船の操舵はそう簡単ではなかったのである。

その頃、幕府も逆風、いや暴風にさらされていた。アメリカから通商条約締結を迫られていたが、攘夷派から猛烈な反対にあっていたのである。老中の堀田《ほった》正《まさ》睦《よし》は孝明天皇から条約調印の勅許を得るために参内したが失敗した。そして四月、この状況に危機感を抱いた幕府は、譜代大名の筆頭、井伊直弼《いいなおすけ》を大老に就任させたのである。

この月、鍋島直正も動いた。観光丸の練習航海という名目で極秘に薩摩に行き、島津斉彬と会談したのである。極秘ゆえ、会談の内容は不明である。この航海には佐野も加わっており、後年、「直正公を薩摩にお連れし、無事に長崎に帰ってきた時は何ともいえない心境で、自分の大胆さに驚くとともに、ご無事であったことを喜ぶや、頭が茫然として自失の状態であった。今思い出しても極めて危険なことをした」と回想している（『佐賀藩海軍史』）。極秘の訪問、全速力での長崎―鹿児島往復、冷や冷やの航海だったようだ。

さて六月、井伊大老は勅許を得ずに日米修好条約を締結、さらにヨーロッパ諸国とも同様の通商条約を結び、その後、日本は長い間、その不平等性に苦しむこととなる。これを予兆するかのように、長崎では暴風雨が吹き荒れてオランダ船が沈没、翌七月にはコレラの流行が始まった。佐賀ではコレラを追い払うため、各戸で箕《み》を叩いて声をあげたり、武士の家では空砲を撃って威嚇したりした。さらに北西の夜空に彗星があらわれ、その尾は日を追うごとに長くなり、人々の不安をますますかきたてたのである。

七月、佐賀にいた佐野は藩命を帯び、コレラが流行する長崎にむかった。その任務は伝習状況の確認、オランダやイギリスの銃砲調査・購入など、多岐にわたっていた。二十八日に長崎奉行支配吟味役の永持亭次郎《ながもちこうじろう》を尋ね、暴風雨で沈没したオランダ船についての情報を集めた。佐賀藩はこの船を購入して造船の参考にしようとしたが、最終的に購入は見送られたようである。佐野はこの後も永持と頻繁に会談しており、幕府が条約交換のためにアメリカに使節団を派遣することも聞き出している。これについて永持は「アメリカ行きはうらやましいが、自分は長崎にいるので致し方ない」という話までしている（『安政五年日記』）。永持は幕府の要人でありながら、佐野に本心を吐露していたようだ。

また、佐野は八月二十九日に勝麟太郎と会談し、長崎奉行が入港する船にコレラ対策のため検疫を施すことや、薩摩藩がオランダに二百馬力の蒸気船を注文する話など、様々な情報を聞き出しているが、面白いのは次の長崎奉行所批判である（『安政五年日記』）。

現在、イギリス、アメリカ、ロシアなどの将官が温順に長崎奉行に接しているが、これをもって、いつも無事でいられると考えるのは見込み違いである。近いうちに戦争となり、長崎も広東《カントン》の覆轍《ふくてつ》（アロー戦争）を踏んでしまうように思える。それなのに役人どもは些細なことばかりにこだわり、大局に目が向いていないのだ。

勝と長崎奉行所には外国に対する危機感に大きな温度差があり、その間に軋轢が生じていたようだ。ともあれ佐野は永持や勝から公私共々、重要な話を仕入れて九月五日に佐賀に帰った。佐野の情報収集能力はかなり長けていたようである。世を騒がせた彗星も九月末には西南の空に姿を消し、十月には西海から蒸気船がやってきた。佐賀藩がオランダに注文した蒸気船がようやく回航されてきたのである。これは咸臨丸と同型のスクリュー船でアームストロング砲などを積んでおり、電流丸《でんりゅうまる》と名付けられた。佐賀藩はついに蒸気軍艦を所有することになった

三重津海軍所図（陣内松齢筆）／財団法人鍋島報效会蔵

現在の三重津近辺　写真中央の橋の手前右岸が海軍所跡地にあたる／写真提供：佐賀市教育委員会

発掘された三重津海軍所船渠跡
写真提供：佐賀市教育委員会

のである。

佐賀藩の海軍熱は高まる一方であったが、江戸の幕府では将軍継嗣問題による政局の混迷などから長崎海軍伝習所継続の熱意を失い、安政六年二月、伝習中止が決定された。

伝習所が閉鎖されると、佐賀藩では佐野が監督となって三重津《みえつ》で伝習が引き継がれることとなり、航海術、運用術、機関術などが教えられた。のちの三重津海軍所である。三重津は佐野の生家に近い。大艦の停泊も可能であり、藩の御船蔵（藩船の倉庫）があったところでもある。また、最近の発掘調査から、海軍所には有明海の汐の干満を利用した船渠《せんきょ》（ドック）が築かれており、電流丸が修理できる大きさであったことなどが明らかにされている。満潮時に電流丸を船渠に入れ、干潮時に船渠に溜まった水を排し、その後、締切り板のようなもので海水の再流入を防いだようである。

佐賀藩にとって長崎海軍伝習所は、操船・造船などの技術や知識を得ることができ、大変有意義な施設であったが、佐賀藩が進める事業で生じた様々な疑問点を、すぐさまオランダ人に聞いて解決できたという点が、なりよりも重要であった。

公金濫用疑惑とポサドニック号事件

佐賀藩における艦船や機械の購入は佐野の重要な任務であった。当時、諸品を輸入する場合は幕府に仲介手数料をとられたため、実際の価格の三〜五割は高くなるのが通例であった。そこで佐野は幕府役人を酒楼に招いてその不当性を何度も訴えた。そして、ようやく手数料減額に話が進んだ時（安政六年七月）、修好通商条約が発効し私貿易が許可された。このために幕府の仲介が不要となり、佐野の努力は水の泡となったのである。

話はここで終わらなかった。佐野が幕府役人らと宴会にふけって公金を濫費しているという噂が流れるようになったのである。さらに、佐野が三万両と見積もってオランダに注文していた製鉄器械が引き渡されることとなったが、請求額は見積額の四倍強もの十二万五千両であった。佐野はますます信用を失い、叱責（謹慎三十日）の処分を受けたのである。その後、この請求額は金銀比価の違いによるものであり（佐野は金で見積もり、オランダは銀での支払いを想定した）、幕府役人の接待は手数料を省くためであることがわかり、嫌疑は晴れて復職することとなった。

万延元年（一八六〇）二月、江戸にいた鍋島直正から佐野に対し、急いで江戸に来るようにとの命が下された。すぐに佐賀を発ち、雪が降りしきる大坂を過ぎ、東海道を進んでいくと頻繁に早籠が通り過ぎていった。佐野は「何事か起こったに違いない」と思いながら箱根に到着すると、井伊直弼暗殺の知らせを聞いたのである（『佐賀藩海軍史』）。井伊と直正は懇意にしていたため、直正に災いが及ぶことを危惧した佐野は、江戸に急行したが、意外にも佐賀藩屋敷は静穏であった。直正に用事を伺うと、観光丸を幕府から預かることとなり長崎まで回航してもらうので、佐野もこれに同船せよ、とのことであった。

文久元年（一八六一）二月、ロシア艦ポサドニック号の兵士が対馬に上陸し、

遣米使節一行　前列右から二人めが小栗忠順／『幕末明治文化変遷史』東洋文化協会

兵舎や土塁などを建設するという事件が発生した。対馬藩や長崎奉行は退去を求めたが、ロシアはこれを無視、四月にはロシア兵と対馬役人が衝突して対馬番士が死亡する事件が発生し、緊張は一気に高まった。五月に外国奉行の小栗忠順《おぐりただまさ》が対馬に到着して交渉が始まった。四月に観光丸の船長となっていた佐野も、小栗に従って対馬に来ており、後年、佐野はこの事件について「ロシアは海岸の要所に国旗を掲揚して警備を厳重にし、陸地を開拓して馬鈴薯を植え、樹木を伐採して家屋を造ろうとするなど持久策にでるようであった。対馬を占領する意図があるのだろう」と考えたことを記している。六月、佐賀藩も有事を想定し、三重津に繋留していた電流丸などを伊万里湾に緊急配備した。

七月、イギリス艦隊司令長官ホープが対馬に赴いてポサドニック号艦長ビリリュフと会談した。翌月、ロシアは事件を外交問題として発展させたくないため、ポサドニック号を退去させた。後年、佐野は、「イギリスの援助が無ければ、どのような事態に陥っていたか想像できず、誠にぞっとする」と述べているが、実はそのイギリスの公使オールコックも対馬の占領を検討していたのである。ともあれ、佐野は列強の力関係と領土的野心を見せつけられ、海軍増強の必要性を痛感することとなった（「海軍拡張論」）。佐野常民、惑っている場合ではない。この年、四十歳となった。

凌風丸の建造

日本初の国産蒸気船は薩摩藩が安政二年（一八五五）に製造した雲行丸《うんこうまる》である

精煉方で製作された蒸気船と蒸気車の模型／財団法人鍋島報效会蔵

が、日本初の実用的な国産蒸気船といえば慶応元年（一八六五）に竣工した佐賀藩の凌風丸《りょうふうまる》であろう。この蒸気船製造の道のりは短いものではなかった。安政元年十月、佐賀藩は長崎奉行がオランダから購入した三馬力の外輪蒸気艇を借り受

凌風丸図／佐嘉神社蔵

け、長崎の深堀《ふかぼり》で船手の運用の練習をするとともに、中村奇輔、石黒寛次、田中儀右衛門父子に構造を研究させた。これを終えた中村らは、蒸気船・蒸気車雛形の製作を願い出たのである。もちろん鍋島直正は許可を与え、安政二年八月一日より雛形製作に取りかかった。これらの雛形がいつ完成したか不明であるが、その実物が現存している。

安政五年九月に精煉方が蒸気船の建造費を三千両と積算しているので、この頃に蒸気船の製造計画が具体化したものと思われる。同年十一月に電流丸が佐賀藩に引き渡されたので、これを造船の参考にすることもできた。しかし、その電流丸は心臓部であるボイラーの調子が悪く、修理しなければならなくなった。オランダに依頼すれば莫大な費用がかかるが、田中父子が機械さえあれば製造できるというので、三重津にボイラー製造場が設置されて修理が施された。

文久三年（一八六三）三月、いよいよ蒸気船製造に着手することとなり、佐野や田中父子ら十一人が担当者に命じられた。二年半かかって慶応元年十月に完成したこの船は、凌風丸と名付けられた。直正は早速、試乗したが、その日は風浪とも穏やかであったために有明海を航行したという。外輪船なので浅瀬を航行することもでき、河口から沖に浮かぶ本船に乗り込むための端船として使用された。

直正は凌風丸に特別な愛着があったようだ。明治元年（一八六八）九月、維新の混乱で疲労を感じたのであろうか、直正は三重津に赴いて海軍所を巡覧すると、凌風丸に乗り、海上に出で潮風を呼吸して帰途についたという。

佐野常民の時代観

佐野が文久年間に提出したと思われる「藩弊刷新及軍制の改革建白」は、表題の通り藩政と軍制の改革を提言したものであり、佐野の時代観もよくあらわれている（『佐賀藩海軍史』）。冒頭では現況を「内乱と外寇が同時に起こり、身体にたとえれば、頭髪と眉毛に火が付き、一瞬の間に全身が焼けただれる時」と述べている。桜田門外の変や列強の圧力など、内外の危機が同時発生し、これを憂慮した佐野が、国家と藩の急務を綴って提出したのがこの建白なのである。論点が多岐にわたっているので、ここでは簡単に紹介しよう。

第一に藩政改革である。佐野は、家格や年齢にとらわれずに人材を登用すべきであり、蘭学や武術に傑出した人がいれば、江戸、大坂からも抱え入れるべきであると説いた。さらに、家臣に対して適切に賞罰を与えることや、人事異動の重要性を主張した。また、質素倹約についても細かく指摘している。すなわち、二百年の太平により人々に「華美遊惰」の風習が染み込んでいるので、虚礼虚式の廃止、役人削減、飲食節約、服装・家作簡略などを主張したのである。特に佐賀では飲食の弊害が大きく、親族・友人の集会にも酒肴を出して長時間飲食するので、まるで飲食するために生活しているようだと厳しく指摘した。

第二に軍制改革である。佐野は二百年の太平により講武の道が廃れて幕府の武威が衰退したと考えた。その証拠として幕府随一の家臣である井伊直弼が、わずか十五、六人の狼藉者に不覚をとったことをあげている。さらに幕府の武威衰退が外国の軽侮を招き、列強の脅威にさらされることとなったので、武事を奨励すれば災いのもとを防ぐことができると主張した。

佐賀藩も幕府と同様、役人の職務を重視して武道を軽視しているので、藩祖直茂、初代藩主勝茂の治世にかえって武風を挽回すべきであると述べた。改革方法の一つとして西洋の兵制を参考にすることを掲げた。例えば西洋では十三歳～十六歳で兵学校に入るが、日本でも十五歳までに四書五経・歴史・算術などを学び、十六歳から武術修行と理学・数学・兵法・火術などを研究すれば、二十歳までに諸科に習練することができると提案した。

佐野が藩政・軍制における弊害の原因として考えていたのは、すでに述べたように徳川が築いた二百年の平和な封建社会であった。佐野は封建制下では嫡子は才能の有無に関係なく家禄を継ぐので、武術も磨かず、吏役もつとめず、「安眠して一生を終える者が大半いる」とみていた。優れた軍隊をつくるには封建制は邪魔であるが、これを郡県制に変えることも困難であると認識していた。封建制を否定することは藩主を否定することにもつながるからである。封建制下で、いかにして強い軍隊をつくるかが、佐野の大きな課題であった。そこで嫡子といえども軍事教育を修了しない者は家を継がせず、次男、三男でも才能のある者に家を継がせ、さらに次男、三男がない場合は、親族中の器量相応の者に相続させる制度をつくることを提言したのである。

さすがの佐野も、あと十年もたたないうちに封建制が崩壊するとは想像できなかったのだ。

第三章　パリ万国博覧会へ

万国博覧会の準備

慶応二年（一八六六）四月、フランスからパリ万国博への出品要請を受けた幕府は、各藩に対しても参加を呼びかけた。しかし、この幕末の動乱期に参加を表明したのは佐賀藩と薩摩藩のみであった。開明的な鍋島直正は、世界の見本市である万国博に佐賀産品を出展し、販路拡大をねらったのであろう。

直正はパリ派遣団の代表に佐野常民を任命し、オランダで軍艦を注文する任務も与え、従者として精煉方の工人の藤山種広《ふじやまたねひろ》（文一）を付けた。また販売担当として豪商の野中元右衛門《のなかもとえもん》と深川長右衛門《ふかがわちょうえもん》を、西洋文物の調査担当として蕃《ばん》学稽古所《がくけいこしょ》（のちの致遠館《ちえんかん》）で教鞭をとる小出千之助《こいでせんのすけ》を選んだ。小出は万延元年（一八六〇）に幕府の遣米使節団に参加した経験があった。大隈重信《おおくましげのぶ》も候補となったが実現しなかった。その理由として、大隈は、幕末の危機に際して「一日も国家の安危を度外視することができなかった」ために辞退したと語っているが（『大隈伯昔日譚』）、直正が大隈を適任としなかったことや、大隈が佐野の下で派

派遣団の一行　右から、野中元右衛門、深川長右衛門、佐野常民、藤山種広、小出千之助／『仏国行路記』

『鍋島直正公御実歴壱百図』第九十一図「仏国博覧会ニ於ケル佐嘉藩ノ出品物」佐賀県立博物館寄託

遣されることを望まなかったという話もある。ともあれ、佐賀藩五人の精鋭がパリに派遣されることとなった。

慶応二年九月、佐野や小出らは長崎で万国博の出品収集や武器購入にあたっていた（『佐賀藩幕末関係文書調査報告書』）。長崎居留地にはイギリス、アメリカ、オランダ、フランスの領事館や商館などが建ち並び、そこから欧米の情報を仕入れることができたのである。佐野はフランス領事館で「万国無比」の佐賀の陶器を出品することを勧められたので、丼、茶碗、皿、鉢などの陶器を中心に収集した。また、イギリスのオルト商会ではエンフィールド銃とアームストロング砲を購入、オランダ領事のボードインに軍艦購入を相談するなど、目的に応じて各国の人々と相談、交渉していた。

一方、小出はフランス領事館で万国博の会期やフランスまでの航路・運賃、宿泊料などの細かい点を確認していた。小出は、ヨーロッパ第一の文明国で開催される万国博には、各国から官員や商人が集まるので、そこで情報を集めて販売戦略を立てようと考えていた。さらに、藩の上層部やその家来をパリに派遣し、精巧な器械や政治体制などを見学させ、陳腐で古い考え方を解体させて藩内を改革しようとしたが、これは実現しなかった。佐野や小出といった進歩的な藩士は、なんとしても藩内の旧弊を一掃したかったようである。

慶応三年三月八日、佐野一行を乗せたイギリス郵船が長崎を出発した。蘭学を学んで洋書に親しんできた佐野は、四十六歳にして初めて外国を実体験することとなる。十四日には香港に到着し、次の船に乗り継ぐまでの十日間、学校や軍隊、造幣局などを精力的に視察し、西洋化された清国を目の当たりにした。そして「清国では諸港はもちろん内地にまで西洋人が勝手に入り込んで交易を行っており、清国の豊かさを吸引している。日本も清国の覆轍を踏まないよう、早く目覚めなければならない」と日記にしたためている。六年前にはポサドニック号事件で外国の脅威を見せつけられたが、今回、お隣り清国の半植民地化された状況を実見することにより、さらに大きな衝撃を受けたようである。

さて、この衝撃が原因ではないと思われるが、この頃から佐野は肝臓に痛みを感じるようになり、香港出航前にオランダの医者に薬を処方してもらった（『魯西亜語』）。佐野はこれから肝臓病と長くつきあっていくこととなる。

佐野は五月八日にパリに到着した。パリ万国博は二月二十七日に開会していたので、随分遅れて到着したことになる。これから展示準備にかかろうとした十二日、野中が病に倒れ、急死してしまった。野中にはコレラの症状があったという。佐賀藩のパリ万国博は、誠に悲しいスタートとなってしまったのである。

万国博覧会と佐賀藩の出品

パリ万国博の会場には楕円形の巨大な展示場が建設され、その中で各国が出品を競い合っていた。ところが日本だけは事情が少々異なっており、幕府と薩摩藩が火花を散らして競い合っていた。実はこの万国博には薩摩藩が独立国として参加していたのである。幕府は抗議したが、薩摩藩はとぼけたままであった。さらに悪いことにフランスの新聞が、幕府はドイツ連邦のプロシアのように、日本の

岩下方平
鹿児島県歴史資料センター黎明館蔵

連邦中のやや強大なるものに過ぎない、と報道したため、幕府のメンツは大きく潰されてしまったのである。

その後、佐野が博覧会場で展示準備に励んでいる時、薩摩藩の岩下方平《いわしたみちひら》がやってきて、「我が藩は会場で日章旗と薩摩藩の旗を交差して立て、徳川氏と同じく天皇の下に独立国であることを欧米に示し、国体を明らかにした。佐賀藩も同様に取り計らったらどうか」と持ちかけてきた。これに佐野も同意し、肥前国と標榜して日章旗とともに藩旗を掲げたのである。さらに岩下は、したり顔で「西洋人の前で徳川氏の面目を潰すことができた。私の任務はこれで終了した。これから帰国して王政復古の運動に尽力する。諸君も私に賛同してほしい」といってパリを去っていった。後日、この話を聞いた鍋島直正は機転の利いた企てであると喜んだという。それにしても幕府の権威も落ちたものである。井伊暗殺を幕府権威の失墜と嘆いた佐野は、どのような心境で藩旗を掲げたのであろうか。

さて、佐賀藩の出品は珍しさゆえに評判を呼んだが、ヨーロッパ人には展示品の用途がわからない場合も多かった。例えば雪駄の滑らかな革をみた婦人が、これを頬にあて軽く打ってみて「これは何に用いるのですか」と質問したり、購入した有田焼の徳利に金具をつけてランプ台にしている人がいたり、日本の丈夫な楮紙で衣服をつくろうとした人もいたというのである（『鍋島直正公伝』六編）。

博覧会業務が一段落すると、佐野は七月三日にパリを発ち、軍艦注文のためにオランダにむかった。ここでは長崎海軍伝習所で知り合った幕臣の赤松則良《あかまつのりよし》を頼ることとなった。のちに赤松は佐野について「外国語には通じなかったが進歩的

'EXPOSITION UNIVERSELLE

s wagons.

vriers.

34 — Exposition de l'Algérie.
35 — Espagne.
36 — Grand restaurant pour les ouvriers.
37 — Etang.
38 — Maison de Gustave Wasa.
39 — Annexe de la Suisse.
40 — Isbah.
41 — Ecurie russe.
42 — Salle de concert.
43 — Porte Suffren.
44 — Salle de réunion des jurys.

45 — Okel.
46 — Mosquée.
47 — Maison du Liban.
48 — Maison égyptienne.
49 — Salamlick.
50 — Exposition de Suez.
51 — Pagode chinoise.
52 — Bey de Tunis.
53 — Chemin de fer.
54 — Maroc.
55 — Salle des Conférences.

56 — Cercle international.
57 — Salle évangélique.
58 — Temple mexicain.
59 — Munitions de guerre.
60 — Hôpital militaire.
61 — Jardin central.
62 — Pavillon des monnaies.

VUE GÉNÉRALE DE

1 — Pont d'Iéna.
2 — Machines marines Grande-Bretagne.
3 — Pompes.
4 — Grue.
5 — Machines marines françaises.
6 — Photographie.
7 — Creuzot.
8 — Théâtre.
9 — Ministère de la guerre.
10 — Blanchisserie.
11 — Lac.
12 — Phare.
13 — Eglise.
14 — Moulin à vent.
15 — Photosculpture.
16 — Entrée principale.
17 — Vitraux Maréchal.
18 — Tente impériale.
19 — Châtillon et Comentry.
20 — Ouvriers de Paris.
21 — Chalet de la Commission Impériale.
22 — Porte de La Bourdonnaye.
23 — Administration.
24 — Grande serre.
25 — Lac.
26 — Pavillon pour l'exposition
27 — Annexe de la Belgique.
28 — Orchestre.
29 — Restaurant.
30 — Serre.
31 — Annexe de la Bavière.
32 — Petit théâtre.
33 — Grand restaurant pour les

第二回パリ万国博覧会ガイド／佐賀城本丸歴史館蔵

な識見のある人」であると評し、「軍艦日進の仕様書の検査などは専ら私が相談に応じたので、約四、五ヶ月間は、佐野と私は同宿して寝食をともにした」と回想している（『赤松則良半生談』）。また、造船の交渉は、これまた長崎海軍伝習所で教えを乞うたファビウスやライケンが協力してくれた。そのおかげで九月二十一日に軍艦建造が決定すると、佐野は赤松とともにパリに戻った（この軍艦は日進丸《にっしんまる》と名付けられ、明治三年に長崎に回航された）。万国博は十月八日に閉会するので、それまで佐野と赤松は博覧会の見学に集中したものと思われる。

パリ万国博は千五百万人もの入場者を集めて大盛況のうちに終了した。佐賀藩の販売は好調にみえたが、終わってみれば持ち込んだ五〇六箱のうち、わずか一〇〇箱しか売れなかった。日本の出品は珍しがられただけだったのである。原因は主力として持ち込んだ陶磁器類の数が多すぎたこと、それらの模様がヨーロッパの趣味に合わなかったことのようである。結局、大量の売れ残り品を持ち帰るわけにもいかず、それらの販売をフランス商人に委託するとともに、イギリスやオランダで競り売りをした。しかし、この苦い経験は明治時代に活かされることになるのである。

明治維新

万国博が閉会し、佐賀藩の面々が売れ残りの処分に奔走している間、日本ではもっと大変なことが起こっていた。大政奉還である。慶応三年（一八六七）、幕府の支配は混乱し、倒幕派の勢いは増すばかりであった。そこで将軍徳川慶喜《とくがわよしのぶ》は倒幕派の機先を制するため、十月十四日に大政奉還の上表を朝廷に提出した。パリにこの知らせが届いたのは慶応四年正月になってからであったが、この時、すでに日本では王政復古の大号令（十二月九日）が発せられ、新政府が樹立されていたのである。この時期に佐野がヨーロッパで書いた手紙の下書きが残っている（『覚書』）。宛先は不詳であるが佐野の考えや動向がわかるので紹介しよう。

佐野は、まず、鍋島直正らのご機嫌を伺ったのち、「将軍様が辞職されましたが、政権はお返しになっていない様子です。これはどのような状況ですか」と尋ねている。佐野らしいのは、この件で「外国から軽侮を受けないようにしなければなりません」と記しているところである。前記した「藩弊刷新及軍制の改革建白」で幕府の武威衰退が外国の軽侮を招いたと認識していたように、佐野は外国から軽侮されることを許せなかった。もっともこれは武士に共通する感覚であったのだろう。例えば新渡戸《にとべ》稲造《いなぞう》は「武士道」において、近代日本の発展要因を「劣等国と見下されることを忍び得ずとする名誉の感覚」に求めている（『新渡戸稲造全集』一）。

佐野の下書きには欧米の武器類の詳細な記録がある。例えば「博覧会では各国の銃砲が集まり、なかでもプロシアが出品した千トンの後込砲《あとごみほう》は実《じつ》に怪物のようです」と記している。これはクルップ社の千ポンドの巨大鋼鉄砲である。また、「アメリカのガトリングの回転砲が有名で、ヨーロッパ各国が購入しているようなので、小出と相談して手本のために一挺購入します」とも記している（回転砲は複数の銃身を回転させて連続射撃する機関砲）。各国の銃砲の配備状況につい

佐野常民／日本赤十字社蔵

徳川昭武／松戸市戸定歴史館蔵

山高信離／同右

田中芳男／飯田市美術博物館蔵

ても詳しく調査しており、帰国後、佐賀藩海軍に活かそうとしたと思われる。さらにヨーロッパ情勢について、イギリスとアイルランドとの微妙な関係や、普墺戦争に続いてフランスとプロシアの戦争が始まりそうな模様であることも記している。佐野は弱肉強食のヨーロッパ各国の力関係を肌で感じ取っていた。この二年後、佐野が実感した通り、普仏戦争が始まるのである。

佐野は二月から四月にかけてベルギーのワーテルロー古戦場や小銃製造所、ロンドンのエンフィールド小銃製作場や大砲製造局など、軍事工場を中心に視察していた。ところがロンドン視察中、明治維新の知らせに直面し、急いでオランダに戻り、軍艦製造をファビウスや商社に委託し、帰国の途についた。佐野の初めての海外体験は、慌ただしい幕切れとなってしまった。

パリ万国博の経験は、明治時代の博覧会に活かされていく。佐野は幕府派遣団の徳川昭武《とくがわあきたけ》一行に加わった田中芳男《たなかよしお》や山高信離《やまたかのぶあきら》とともに、明治の博覧会業務に深く関わっていくのである。例えば、明治六年（一八七三）のウィーン万国博には三人が渡欧して出品業務などに携わり、同十四年に東京の上野で開催された第二回内国勧業博覧会では、佐野が副総裁に就任し、田中と山高が事務官となって、その業務に尽力するのである。

また、渡航前に佐野が洋書で学んだ机上の知識は、ヨーロッパ視察を通して生きた知識となり、明治国家の建設に役立てられていく。欧米列強に対抗するために、自らも西洋化を進める明治政府が、学識が厚く洋行経験のある佐野を放っておくはずがなかった。日本の近代は、近世の経験の中から生まれてくるのである。

第四章　明治国家建設とウィーン万国博覧会

兵部省と工部省に出仕

明治三年（一八七〇）三月、佐野常民は鍋島直正の推挙により、新政府の軍事を管掌する兵部省に出仕し、少丞に任ぜられた。海軍創設に尽力してきた佐野の経験が活かされることとなったのである。佐野は五月に「大《おお》いに海軍を創立すべきの議」を提出した（『軍備論集』三）。

世界情勢は一変し、各国の交際の道は開けた。各国は表向きは公平な議論を唱えるが、裏では他国を併合しようとしている。欧米は海軍増強を競っているが、日本は島国であるにもかかわらず海軍が欠如しており、このため列強は日本を蔑視して非法の行いをするのである。もし日本が数百隻の軍艦と数万の精兵を配備すれば、列強は日本を畏敬するであろう。軍備は皇国の安危、栄辱に関係するのである。

帝国主義下の軍備目的は国土防衛と領土拡張であるが、佐野の軍備目的の根底には、他国から恥辱を受けないという考えがあった。さらに「国に軍備があるのは禽獣に爪牙があるのと同じである。爪牙がなければ禽獣は身を保護することができない」と自衛の大切さも説いた。佐野はロシアの南下を想定しており、この動きを制止するために北海道を開拓し、朝鮮を征服して属国とし、中国西部に勢力を伸ばすことも記している。パリ万国博で、微妙なバランスの上に平和が築かれていることを実感した佐野としては、海軍創設・増強は当然のことであった。建議では海軍増強を二十年計画とし、毎年、軍艦を十隻ずつ増補して二百隻とし、常備人員を二万五千人と見積もったのである。

ところが、十月、佐野は突然、罷免されてしまった。その理由は佐野がオランダ人ボードインを介して水夫教練用の帆船を購入する際、賄賂を受け取ったというのである。これを聞いて驚いたのはボードインである。彼は佐野の無実の罪を晴らすために購入費の全額を返済した。

無罪が明らかとなった佐野は十二月に工部省に出仕した。翌年八月には工部大丞兼灯台頭に就任し、お雇い外国人のリチャード・ヘンリー・ブラントンとともに灯台に関する業務を遂行していった。このブラントンの佐野評が面白い。誉めているのか貶《けな》しているのか、わからないのである。まず、「彼（佐野）は常に温和で思慮のある態度と、高い理想と寛容な情操の持主であった。この真のサムライと交際した月日は喜悦を抜きにして回想することができない」と誉めるが、「彼は命令を出すときには、常に自分の立場を主張して私の希望に反駁する

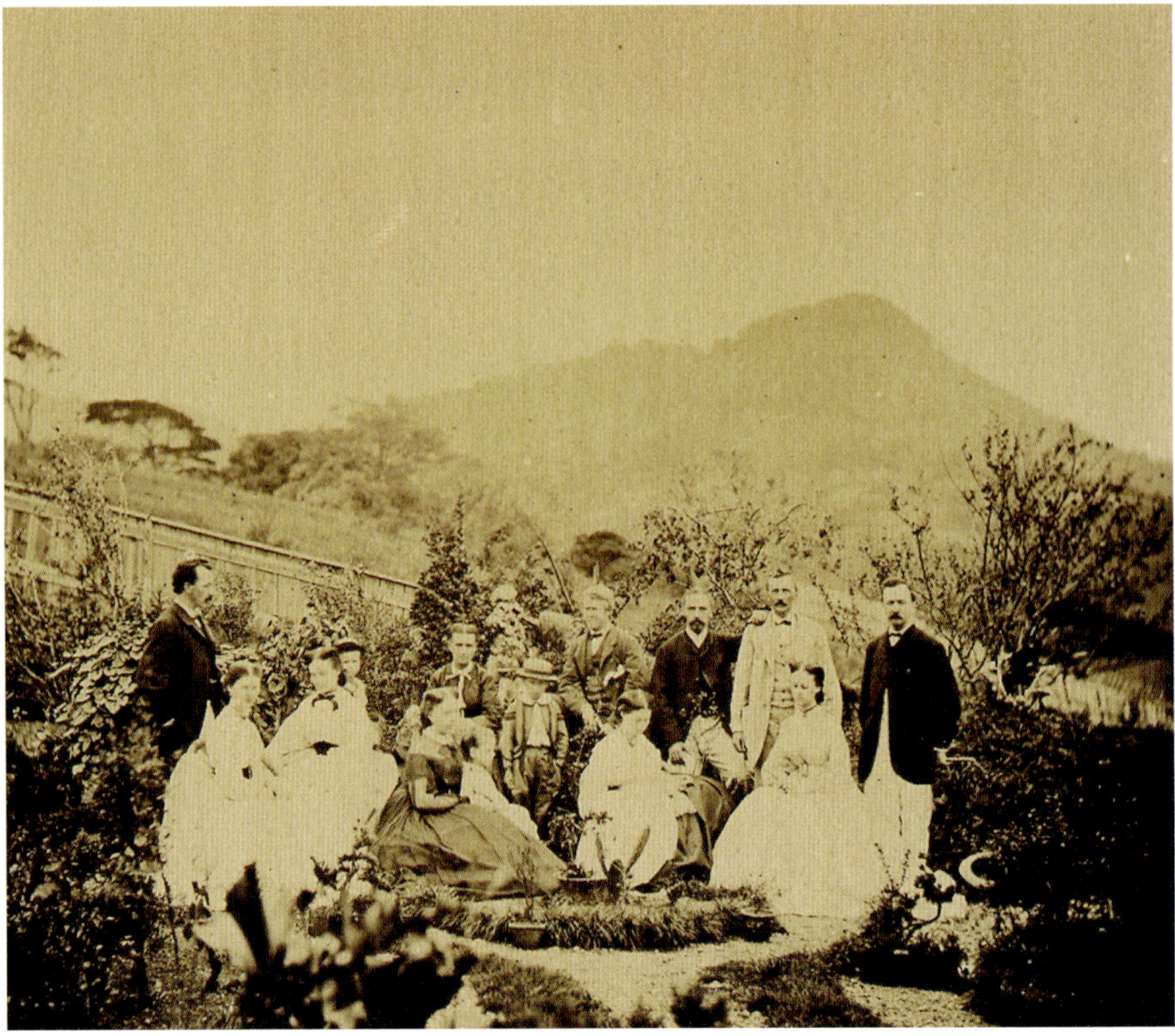

ボードイン（後列右から２番目）とグラバー（後列最左）の家族たち／長崎大学附属図書館蔵

が、彼の思い通りに成功するのはごくまれな場合であった」と記しているのである。それではブラントンと佐野の摩擦をみてみよう（『お雇い外人の見た近代日本』）。

①瀬戸内海の灯台建設の際、ブラントンは灯台補給船を利用して建設地を調査すべきであると提言したが、佐野は反対した（理由は不明）。そこでブラントンはイギリス公使パークスに訴えて、上から要求を実現したのである。この際、佐野は苦情をいわなかった。

②灯台に一年分の物資を備蓄する話となったが、佐野は半年分で十分と反対した。理由は大量の物資があれば灯台保守員がそれを浪費する誘惑にかられるというのである。全く佐野らしい理由である。結局、ブラントンは独断で一年分の物資を船に積み込むが、佐野に見つかり、物資の半分を陸揚げするように命令された。しかし、ブラントンが実行不可能であると説明すると、佐野は腹を立てたが、それ以上の邪魔はしなかった。

③灯台補給船における食事の際、佐野は職階の順に日本人とヨーロッパ人を対座させるように提案したがブラントンは反対した。しかし、佐野は自分の考えに固執しなかった。

そしてブラントンは「以上述べたことはこの人物の些細な欠点でしかない。彼は善良な心と良き理性の持主である」と補っているが、おそらく、後日の宴会で、佐野がブラントンに仕事の妨害となったことを詫びたからであろう。佐野は頑固であったが、誤りに気づくとすぐに謝る素直さも持ち合わせていた。佐野常

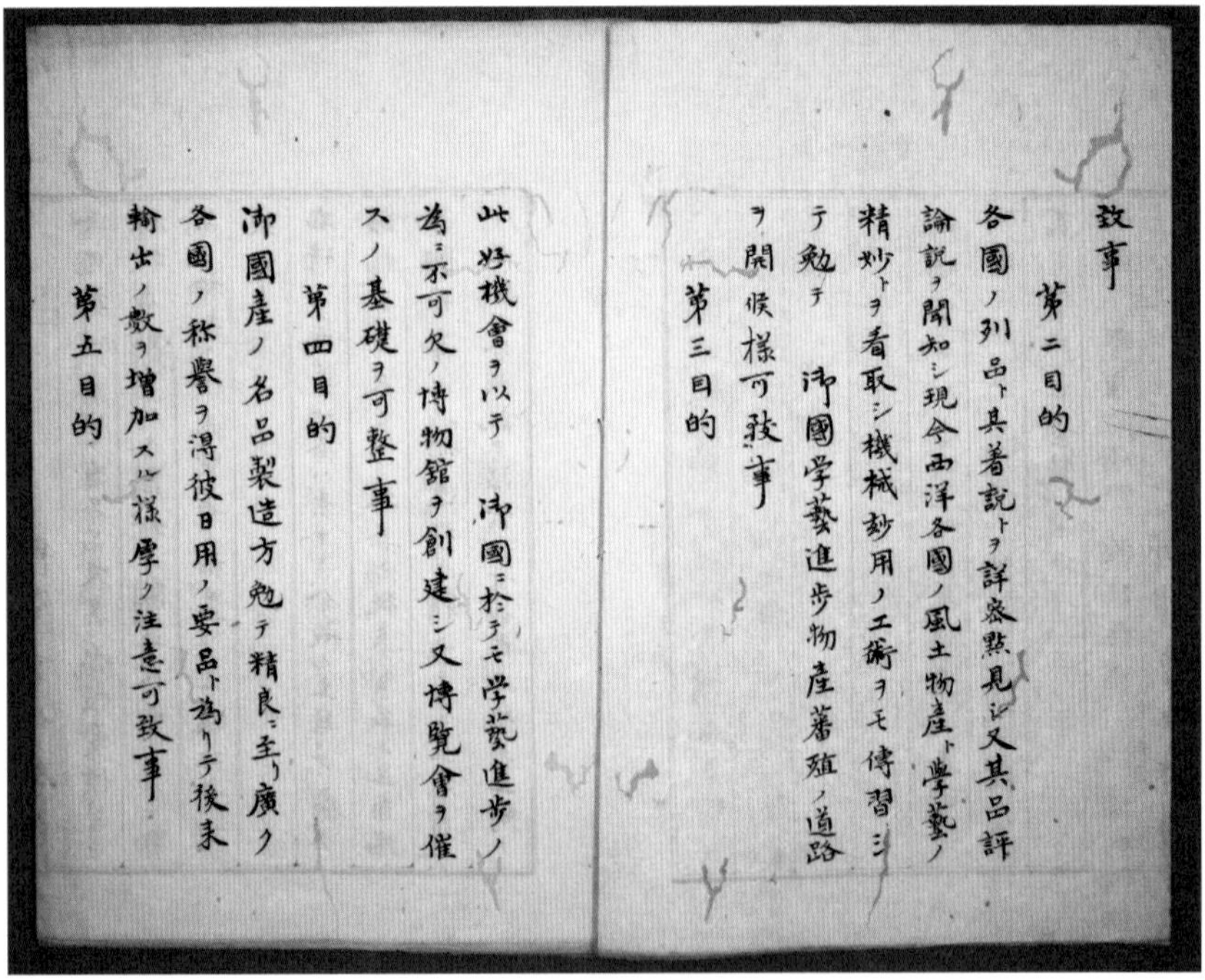
致事
第二目的
各國ノ列品ト其著説トヲ詳密點見シ又其品評
論説ヲ聞知シ現今西洋各國ノ風土物産ト學藝ノ
精妙トヲ看取シ機械妙用ノ工術ヲモ傳習シ
テ勉テ　御國學藝進歩物産蕃殖ノ道路
ヲ開候様可致事
第三目的
此好機會ヲ以テ　御國ニ於テモ学藝進歩ノ
為ニ不可欠ノ博物館ヲ創建シ又博覧會ヲ催
スノ基礎ヲ可整事
第四目的
御國産ノ名品製造方勉テ精良ニ至リ廣ク
各國ノ称誉ヲ得彼日用ノ要品ト為リテ後来
輸出ノ數ヲ増加スル様學ノ注意可致事
第五目的

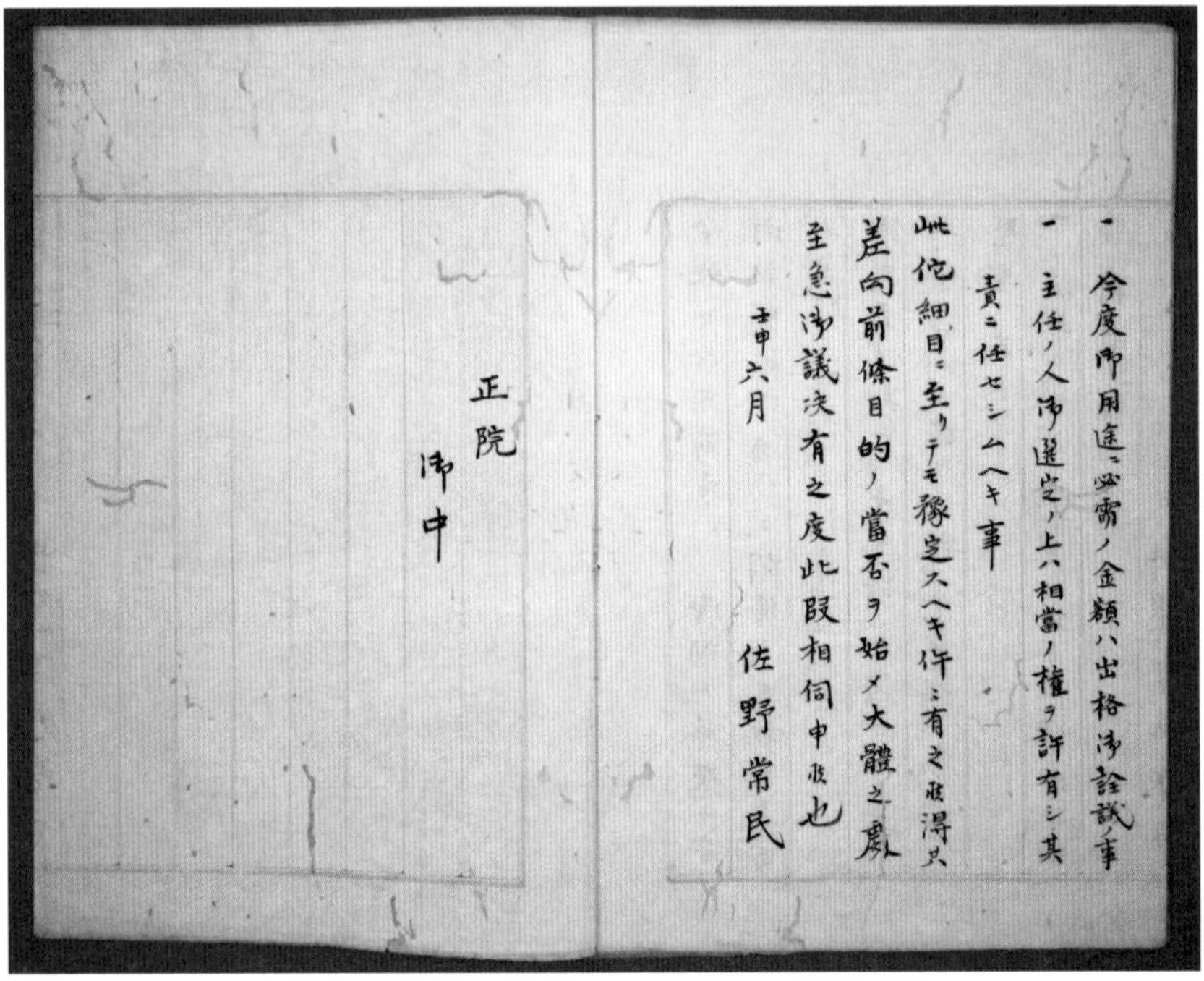
一 今度御用途ニ必需ノ金額ハ出格御詮議ノ事
一 主任ノ人御選定ノ上ハ相當ノ権ヲ許有シ其
責ニ任セシムヘキ事
此他細目ニ至リテモ議定スヘキ件ニ有之候得共
差向前條目的ノ當否ヲ始メ大體之處
至急御議決有之度此段相伺申候也
壬申六月　佐野常民
正院
御中

佐野常民がウィーン博覧会出品について提出した「墺国博覧会出品ニ関スル伺書」／早稲田大学図書館蔵

民、この時、五十歳であった。

ウィーン万国博覧会へ

明治四年（一八七一）、政府はウィーン万国博の参加を決定し、事務総裁に大隈重信、副総裁に佐野常民を任命した。五年五月、佐野は博覧会の参加目的として、優秀な日本産品を展示することにより海外で栄誉をあげることを掲げた。国家の栄辱にこだわる佐野らしい。この万国博は、維新を経て新たに誕生した日本を世界に宣伝する場でもあった。また佐野は西洋文物の調査、外国技術の伝習、博物館や博覧会の開設準備も重要な参加目的とした。

早速、出品収集が始まり、ここで佐野のパリ万国博の経験が活かされる。パリでは模様風に絵付けした陶磁器が売れ残った経験から、今回は清水焼などを素焼きのまま東京に送らせ、博覧会事務局付属の磁器製作所でヨーロッパ人が好む絵画風に絵付させたのである。

明治六年二月、佐野とお雇い外国人ゴットフリード・ワグネルが日本を出発した。ワグネルはロンドン万国博やヨーロッパ各地の工場を見学した経験を持っており、力強い味方であった。また、佐野はイタリアの弁理公使（公使に次ぐ位）にも任命された。

四月、ウィーンに到着した佐野は、毎朝早くから会場に出かけ、ワグネルの指導を受けながら官員たちを督励して展示にあたった。屋外には日本庭園を造成したが、その工事中にオーストリアのエリザベット皇后が視察にきた。そして、大

日本庭園を視察するエリザベット
『ウィーンの日本：欧州に根づく異文化の軌跡』サイマル出版会

工が巧みにカンナをかける技に驚き、カンナくずを持ち帰っても差し支えないか聞いてきた。もちろん許可すると、女官たちが長いカンナくずを丁寧にたたんでうれしそうに持ち帰ったという。

真偽のほどは定かではないが、こんな話も残っている。佐野は洋服を着ても腰間にはいつもフンドシをめぐらしており、それはオーストリア渡航の際も佐野と一緒に赤道を越え、紅海、地中海を渡ってついにウィーンに到着した。佐野はこの間、フンドシを解く暇がなかったので、それは異臭芬々《ふんぷん》としていたが、このような物体を外人に洗濯させるわけにもいかなかった。ある日、佐野はホテルの浴室に誰もいないことを確かめると、ひそかに垢じみたフンドシを取り出して洗濯を始めた。すると突然、巨大なボーイが入ってきた。佐野は急いでフンドシを隠そうとしたが見つかってしまい、ボーイは何やら口やかましくいうとフンドシを奪って出て行ってしまった。佐野はウィーンまで来てフンドシを洗うことでさえ不名誉なのに、もし、このことをボーイに口外されたら国家の体面を汚してしまう、一生の失策である、と数日間は憂鬱な日々を過ごしたのである。ところがある日、そのボーイが恭しく箱を提げてやって来た。箱を開けてみると、何であろう、中身はあのフンドシで、しかも清らかに洗濯された上に糊付けされ、三つ折りにたたまれていたのである。

この話を掲載したのは、佐野が亡くなる明治三十五年に発行された『学生必読・旅行之友』という本である。本書は、ビスマルクや幸田露伴ら、著名人の旅行話をまとめたものであるので、佐野が有名で庶民に愛されていたことをうかがい知ることができる（同書ではパリ万国博の話となっているが、ウィーン万国博の誤りと思われるので、ここではその部分を訂正して使用した）。

万国博覧会と日本の評判

明治六年（一八七三）五月一日、ウィーン万国博が開会した。五日には国帝や皇后、皇太子が日本庭園を訪問し、池に架かる橋の渡り初めを行った。日本展示室の入口には名古屋城の金のシャチホコや一・八メートルもある有田焼の花瓶などが展示された。人目を引きつけて、観覧者を展示室内に引き込もうという算段である。展示室の中に入ると織物、竹細工、磁器など、日本独特の工芸品が並べられ、その奥には御輿や五重塔、鎌倉大仏の頭部模型が据えられ、日本の風景が再現された。実はこの大仏さん、張り子である。本当は日本庭園に鎮座させ、雨ざらしにしても破れない和紙の力をアピールする計画であった。ところが展示準備中に作業員の煙草が原因で焼けてしまい、残った頭部のみを室内に展示することになったのである。美術工芸品を中心とした展示は好評で、佐野は「ちまたの噂も、新聞紙も日本の評判はとてもよく、国の名誉をあげることができました」と総裁の大隈重信に報告した（『大隈重信関係文書』六）。また、日本の売店も大人気で、扇や団扇はあっというまに数千本を売り上げた。

ただし、良いことばかりではなかった。ウィーンでは万国博の開会に合わせてレストランやホテルが一斉に値上げし、会期中の物価は通常の三、四倍に跳ね上がった。これには佐野も閉口し、節約のために書記官らと同宿して凌いだが、当

ウィーン万国博の日本展示室
吉見俊哉『博覧会の政治学』中公新書

ウィーン万国博日本展示室入口／東京国立博物館蔵（Image:TNM Image Archives）

ウィーン万博に出品された有田焼花瓶／有田ポーセリンパーク蔵

初予算では足りず、政府から追加の送金をしてもらった。また、オーストリア人が日本の茶店を開こうとしたが、うまくいかず、給仕係として雇われた三人の日本人女性が困り果てて日本公使館に逃げ込んでくるという事件も起こった。結局、女性たちは日本に送還されることとなったが、佐野はそれまでの時間がもったいないと、彼女たちに手袋をつくる稽古をさせたのである。

八月十八日に賞牌授与式が行われた。日本は、二一七もの褒賞を獲得したが、これは参加三十一ヶ国中、オランダ、ルーマニアについで十八位であり、初出場のわりには健闘したといって良いであろう。ウィーン万国博は異常な物価高に加え、開会直後の株の大暴落、そして六月からのコレラ流行のため外国人客が減少し、入場者は想定した一千万人を大きく下回って七二五万人に止まり、多額の赤字を出してしまった。

オーストリアにとっては儲からなかった博覧会であったが、日本にとっては美術工芸品の宣伝や技術伝習などにおいて大きな成果を得た博覧会となった。佐野が参加目的に外国技術の伝習を掲げたように、ウィーン渡航者の中から選ばれた二十四名が、ワグネルの協力により、ヨーロッパ各地の工場などに派遣されたのである。その伝習分野は養蚕、園芸、造船、製糸、製陶、建築をはじめ、活字、ガラス、測量器、時計、石版、眼鏡、セメント製造法等々、多岐に及んだ。あらゆる西洋技術を獲得しようという佐野の意欲が感じられる。幕末のパリ万国博においても佐野の従者をつとめた藤山種広（文一）は、ウィーン万国博には事務官として参加していたが、万国博閉会後は佐野の命を受け、オーストリアで活字とガ

平山成信

ラス、鉛筆の製造法を伝習し、帰国後は政府の印刷局やガラス製造所で、習得した技術の伝授に励んだのである。

佐野は積極的に技術伝習に取り組んだが、帰国後、この伝習は「ヨーロッパの種子を国内に持ち込み、これを蒔いて、わずかにその芽を発したに過ぎない。さらにこれを培い、養い、保護しなければ、美しい花が咲き、良い実を結ぶことは難しい」と慎重に報告している。

また、佐野はウィーン万国博事務総裁のヴィルヘルム・シュワルツ＝ゼンボルンから「西洋人が日本の品を称賛するのは、そこに固有の趣があるからである。今回、観客が日本出品の中で西洋品のまねをしているものを顧みなかったのが、その証である」と忠告を受けたことを報告している。シュワルツ＝ゼンボルンの言葉に感銘を受けた佐野は、日本固有の趣を大切にし、日本美術の復興に尽力していくのである（『澳国博覧会参同記要』下篇）。

肝臓病と療養生活

イタリア弁理公使も兼ねていた佐野は博覧会業務が多忙を極めたため、明治六年（一八七三）十一月になってようやくローマに赴き、イタリア国王に謁見した。その後、名所旧跡を回ったが、途中で通訳の平山成信《ひらやまなりのぶ》が病気になってしまった。佐野は非常に心配して、平山を自分の部屋に移して看病した。佐野は幕末にパリで亡くなった野中元右衛門のことを思い出したのではないだろうか。平山は佐野の看病の甲斐もあってか快復した。

日本と佐野に関する新聞記事（「ウィナー・エキストラブラット」明治七年八月二十日付）／日本赤十字社佐賀県支部蔵（佐野常民記念館寄託）

Das „Wiener Extrablatt“ erscheint täglich, auch Montag, und kostet die Nummer im Einzelverkaufe 4 kr. ö. W.

Pränumerationsbedingnisse:

Unfrankirte Briefe werden nicht angenommen.

Illustrirtes Wiener Extrablatt.

Eigenthümer und Herausgeber: O. F. Berg und F. J. Singer.

Redaktion und Druckerei: IX. Berggasse

Administration, Expedition und Inseraten-Aufnahme: I. Schulerstraße 16.

Manuskripte werden nicht zurückgestellt.

№ 227. Wien, Donnerstag, 20. August 1874. 3. Jahrgang.

Sano Tsunetami, der japanesische Gesandte.

Die kleingewachsenen Leute mit der gelben Hautfarbe und den klugblickenden, länglich geschlitzten Augen aus dem fernsten Asien sind uns seit der Weltausstellung so nahe gerückt, daß es zum Verwundern ist, wie sie allein unter ihren asiatischen Mitvölkern sich so schnell mit dem europäischen Wesen vertraut gemacht haben.

Der Araber, der Tartar, der Perser, ja der uns seit Jahrhunderten förmlich zum Fenster hereinschauende Türke, sie mögen noch so viel von Europa's Sitten gesehen haben; sie fühlen sich darum noch nicht im geringsten versucht, ihre schmierigen Kopftücher, Schaffellmützen und Turbane, und mit diesen ihre „Sitten-Schlamperei“ abzulegen; sie bleiben, so viel sie auch schon mit den verfeinerten Abendländern zusammenzutreffen Gelegenheit hatten, immer wie und was sie waren.

Anders der Japanese. Kaum hatte er das Leben in Europa kennen gelernt, so leuchtete ihm gleich ein, daß es da für ihn was zu lernen gebe, und ehe wir uns speziell in Wien dessen versahen, hatten die aufgeweckten Kinder des „asiatischen Großbritannien“ ihre heimatlichen Schlafröcke, Pluderhosen und Sandalen weggeworfen und traten uns in den leibhaftigen Gwandl gegossen, mit blinkendem Zilinder auf dem Kopfe und durch und durch europäisch salonfähig entgegen.

Diese Empfänglichkeit für Reformen, der Scharfblick im Erkennen des Nützlichen und Schönen und das leichte Aufgeben altgewohnter Sitten im Tausch gegen völlig neue ist einzig bei den Japanesen anzutreffen. Kein anderes Volk der Welt — uns hochzivilisirte Europäer alle miteinander nicht ausgenommen — kann sich dieser ganz wunderbaren Eigenschaften rühmen, und es wird nicht lange anstehen und die Japanesen haben dem Abendland Alles, bis auf das Infallibilitätsdogma abgeguckt.

Um den Verkehr mit dem Abendlande ja recht lebhaft zu gestalten, hatte der Mikado den hier abgebildeten Sano Tsunetami nach Europa abgesandt, wo der Botschafter des fernen Inselreiches während seines längeren Aufenthaltes in Wien durch sein ganz besonders liebenswürdiges Wesen sich und seinem Volke eine ganze Menge Freunde erwarb.

Sano Tsunetami wurde jetzt von seinem Monarchen zur Uebernahme eines Ministerpostens nach Jeddo zurückberufen; der Mann, der unseren Ministern regieren zugesehen hat, dürfte nunmehr einen großen Einfluß auf die Geschicke des Reiches der 3850 Inseln ausüben.

翌七年三月、佐野はウィーンに戻ったが、今度は自分の肝臓病が悪化し、医師の指導でチェコの温泉地カルルスバット（カルロヴィ・ヴァリ）で療養することとなった。しかし、悪いことにこの周辺は陶器・ガラス工場が多く建つ工業地帯であった。佐野は医者の制止も聞かずに様々な工場や施設を視察して回ったのである。その結果、ウィーンに戻ってきた時には病状はかなり悪化しており、医師から、生命が危ないので一日も早くイシル（バート・イシュルと思われる）で療養するように忠告された。

佐野はイシルに発つ前、オーストリア鉄道の調査のために雇ったフランス人に、調査報告書ができたら、すぐに送るように伝えていた。しかし、その後、報告書が送られてこないので催促すると、このフランス人は「イシル出発前の佐野さんの容態から、必ず死ぬだろうと思っていたので、仕事は放置しておいた。催促を受けるとは夢にも思わなかった」と答えたというのである（『昨夢録』）。佐野の病状はかなり悪かったようだ。

イシルは閑静な湖水地方で工場もないため、さすがの佐野も静養するしかなく、近くの川に架かる橋を訪れて四季の光を浴びることを日課としていた。八月三十一日の日記には、この橋の上で「秋気爽然、一天、洗うが如し」と感じたことを記している。しかし、その夜には「海軍振起と挙国防衛」においておおいに感じる夢をみたという。おとなしく療養していても頭の中は海軍のことで一杯だったようだ（『在欧雑誌』）。

佐野がイシルで静養中、ウィーンの新聞の一面で日本と佐野の特集が組まれた

(『ウイナー・エキストラブラット』八月二十日付)。

黄色い肌で賢そうな切れ長の目をした極東の小柄な人種は、アジアの中でいち早く西洋に親しみ、万国博以来、身近な存在となった。日本人はヨーロッパの生活を体験すると、すぐに何かを学ぼうという気になり、郷土風ガウンや、ぶかぶかズボンやサンダルを捨て、衣装替えをし、ピカピカのシルクハットをかぶり、すっかりヨーロッパの社交界風に着飾ってお目見えしたのである。日本人が西洋のすべてを知り尽くすにも、そう時間がかからないのではないか。

日本の帝は西洋との交流を活発にするため佐野常民をヨーロッパに派遣した。遥かなる島国から赴任したこの大使は、長い滞在期間に個人的にも多くの友好関係を獲得した。我が国の政治を傍観したこの人物が、これから日本帝国の行く末に大きな影響を与えていくのである。

この新聞の予言通り、佐野は近代日本の建設に大きな影響を与えていくのである。

さて、療養を終えた佐野がウィーンに戻って帰国準備を始めると、医者からフランス南部で冬を越してから帰国するように勧められた。ところがマルセイユで診察を受けると、海上の空気を吸えば快復するといわれたので、十月、帰国することにした。

マルセイユ港で船に乗る前に、佐野にはもう一つ仕事が残っていた。実は三月

ウィーン万国博覧会報告書
財団法人鍋島報效会蔵（佐賀県立図書館寄託〈鍋 992-678〉）

に博覧会の出品物や購入品を積んだフランス郵船ニール号が伊豆沖で沈没してしまい、その郵船会社が保険金を支払わないといいだしたのである。そこで佐野はマルセイユの郵船本社を訪れ、社長に直談判し、運賃の返金とともに、ニール号に積んでいた物品と同じ品をヨーロッパで購入する際は、運賃を無料にすることなどを約束させたのである。その後、佐野はマルセイユを発ち、十二月に横浜に到着した。海底に消えたニール号の荷物を思うと失意の航海となったと思われるが、病気の方はマルセイユの医者のいう通り全快していた。

ウィーン万国博覧会報告書

佐野は帰国すると報告書の編纂に没頭した。できあがった報告書は表1に示したように、博覧会だけではなく、議院、農業、教育、兵制、鉄道、貿易、風俗など、十六部にわたってヨーロッパの諸制度が広く解説されており、しかも各部の

1	議院
2	礼法
3	博物館
4	農業
5	道路
6	山林
7	蚕業
8	教育
9	兵制
10	博覧会
11	鉄道
12	貿易
13	風俗
14	制度
15	教法
16	国政
他	ドイツ開化戦記
	国勢学論
	工業伝播報告書
	航海造船報告書
	ウィーン万国博布告文

表1　ウィーン万国博報告書

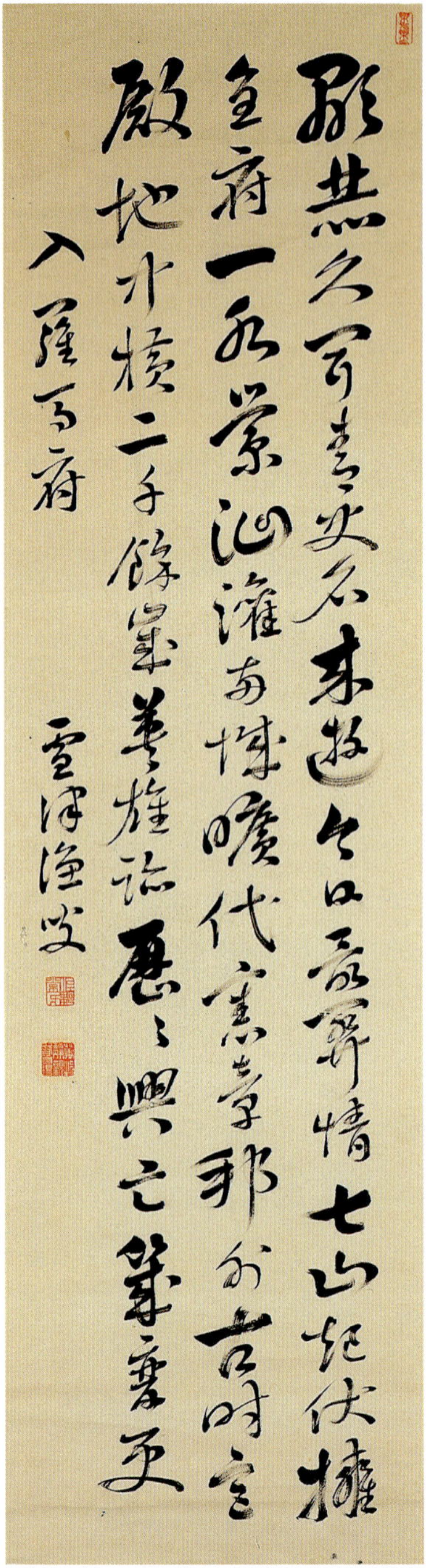

佐野常民書「入羅馬府」　顯赫久聞青史名。来遊今日最関情。七山起伏擁全府。一水縈汕灌両城。曠代熏章邦外（一字脱？）。古時宮殿地中横。二千餘歳英雄跡。歴々興亡幾変更。入羅馬府。雪津漁叟。／佐賀県立博物館蔵

冒頭には佐野が意見書を付していた。佐野の頭の中はヨーロッパの百科事典のようになっていたのである。この知識が近代日本の建設に活かされていく。本節では報告書の中の「東京大博物館建設の報告書」（『公文録』）を紹介しよう。

報告書の前半は博物館について記し、それは「眼目の教え」により人智と産業を発展させる場であると解説している。また、日本もイギリスのケンジントン博物館にならい、博物館の周辺に科学・芸術学校を築き、周辺を公園として動物園や植物園を開き、そこに遊ぶ者を博物館に誘引し、知らず知らずのうちに「眼目の教え」を施そうと述べている。現在の東京の上野を歩くと、佐野の考えが実現していることがわかる。

後半では博覧会について記し、それは博物館を拡充して一時的に施行するものであると解説している。また、博覧会の利点として、各国の風土・物産などの観察ができること、物品が比較され、その改良に活かされること、外国人が日本の産物を購買して輸出が拡大することなどを掲げた。そして最後に明治十三年（一八八〇）に上野で国際博覧会を開催すべきであると提言したのである。この構想は大久保利通内務卿によって修整され、明治十年の内国勧業博覧会（以下、内国博）として実現する。

報告書編纂とともに関わらざるを得なかったのがニール号の一件である。佐野は明治八年一月、「苦心して収集した物品の大半が水泡に帰してしまいました。天災とは申しながら常民の配慮が足りなかったためです。謹慎のご裁定をお待ちします」と政府に待罪書を提出したが、責任は問われないこととなった。その後、四月より引き揚げ作業が始まったが、積み込まれた荷物一九三箱のうち、回収できたのは六八箱であった(『公文録』)。

同年七月、ウィーン万国博の残務が一段落した佐野は、立法諮問機関として設置された元老院の議官に就任した。

第五章　八面六臂の活躍

大給恒／日本赤十字社蔵

博愛社設立と第一回内国勧業博覧会

明治の世となり、武士の特権を奪われた士族たちは、政府に敵対して各地で反乱を起こすようになり、明治十年（一八七七）、最大最後の士族反乱である西南戦争が勃発した。元老院には二月六日に「鹿児島暴動の警報」が入り、九日には意見が交わされ、佐野常民は「謀叛の形跡がないので政府の出兵は不可能」と主張したが、すぐに出兵すべきとの意見もあり議論は混乱した（『保古飛呂比』七）。結局、二月十九日に征討の詔が発せられた。戦況は日を追うごとに苛烈を極めていき、四月六日、佐野は大給恒《おぎゅうゆずる》（元老院議官）と連名で、岩倉具視《いわくらともみ》右大臣に博愛社設立を願い出たのである（『諸雑公文書』）。

鹿児島県暴徒の征討は実に容易なことではありません。攻撃は昼夜を限らず、官軍に非常に多くの死傷者が出ております。傷者は痛みに苦しみ、生死の間をさまよっており、あらゆる手段を尽くして救済することが必要であると思われ

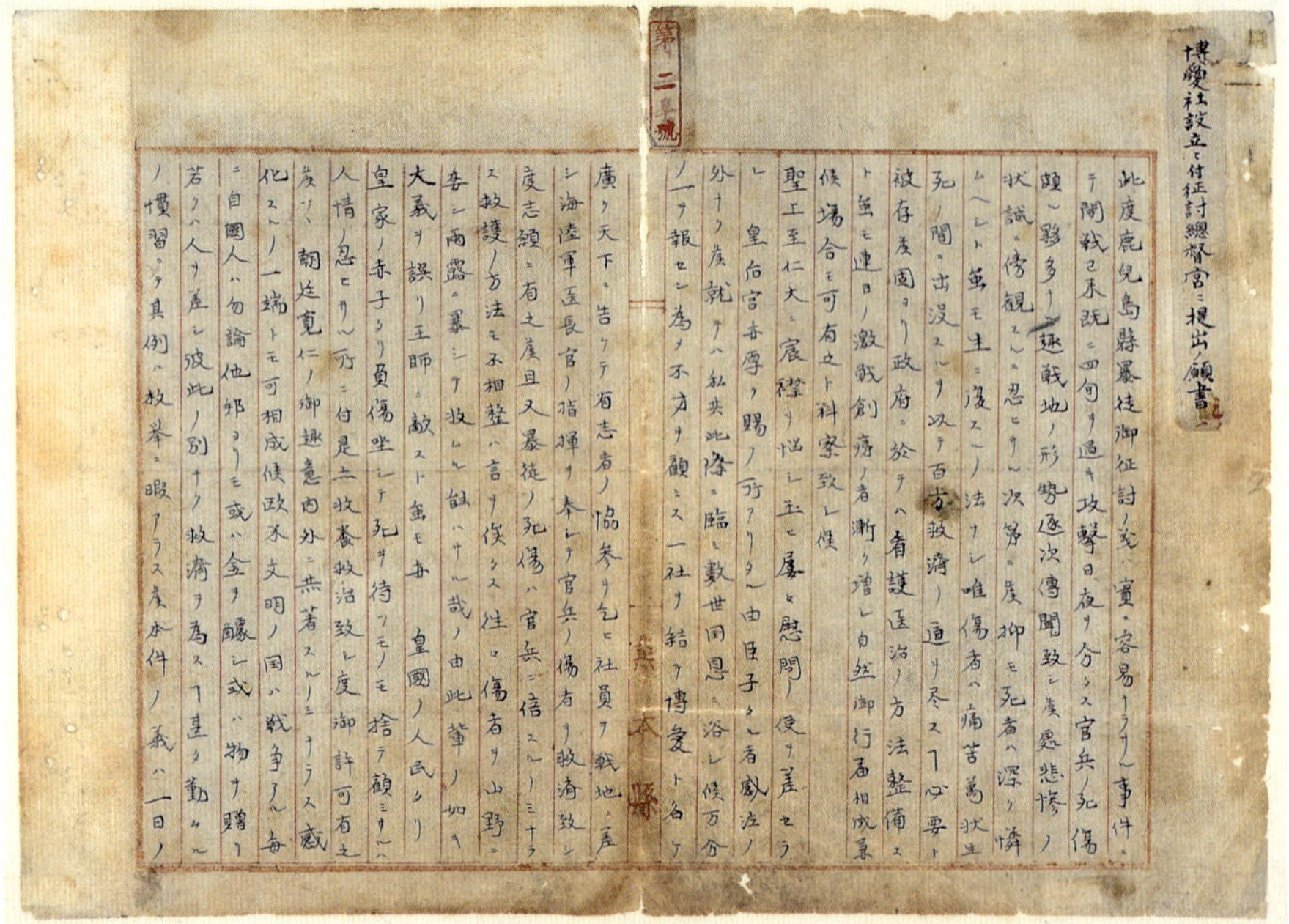

第二號

博愛社設立ニ付征討総督宮ニ提出ノ願書

此度鹿児島県暴徒御征討ノ儀ハ実ニ容易ナラサル事件ニテ開戦已来既ニ四旬ヲ過キ攻撃日夜ヲ分タス官兵ノ死傷頗ル夥多ナル趣戦地ノ形勢逐次伝聞致シ候処悲惨ノ状誠ニ傍観スルニ忍ヒサル次第ニ候抑モ死者ハ深ク憐ムヘシト雖モ生ニ復スルノ法ナシ唯傷者ハ痛苦万状生死ノ間ニ出没スルヲ以テ百方救済ノ道ヲ尽スコト心要ト被存候固ヨリ政府ニ於テハ看護医治ノ方法整備スト雖モ連日ノ激戦創痍ノ者漸ク増シ自然御行届相成兼候場合モ可有之ト料案致シ候

聖上至仁大ニ宸襟ヲ悩シ玉ヒ屡々慰問ノ使ヲ差セラレ 皇后宮亦厚ク賜フ所アリタル由臣子タル者感泣ノ外ナク候就テハ私共此際ニ臨ミ数世国恩ニ浴シ候万分ノ一ヲ報セン為メ不才ヲ顧ミス一社ヲ結ヒ博愛ト名ケ広ク天下ニ告ケテ有志者ノ協賛ヲ乞ヒ社員ヲ戦地ニ差シ海陸軍医長官ノ指揮ヲ奉シテ官兵ノ傷者ヲ救済致シ度志願ニ有之候且又暴徒ノ死傷ハ官兵ニ倍スルノミナラス救護ノ方法モ不相整ハ言ヲ俟タス往々傷者ヲ山野ニ委シ雨露ニ暴シテ収ムル能ハサル哉ノ由此輩ノ如キ大義ヲ誤リ王師ニ敵スト雖モ亦 皇国ノ人民タリ 皇家ノ赤子タリ負傷坐シテ死ヲ待ツモノモ捨テ顧ミサルハ人情ノ忍ヒサル所ニ付是亦収養救治致シ度御許可有之度候ハヽ 朝廷寛仁ノ御趣意内外ニ普著スルノミナラス感化スルノ一端トモ可相成候欧米文明ノ国ハ戦争アル毎ニ自国人ハ勿論他邦ヨリモ或ハ金ヲ醵シ或ハ物ヲ贈リ若クハ人ヲ差シ彼此ノ別ナク救済ヲ為スコト甚タ勤ムルノ慣習ニテ其例ハ枚挙ニ暇アラス候本件ノ義ハ一日ノ

熊本縣

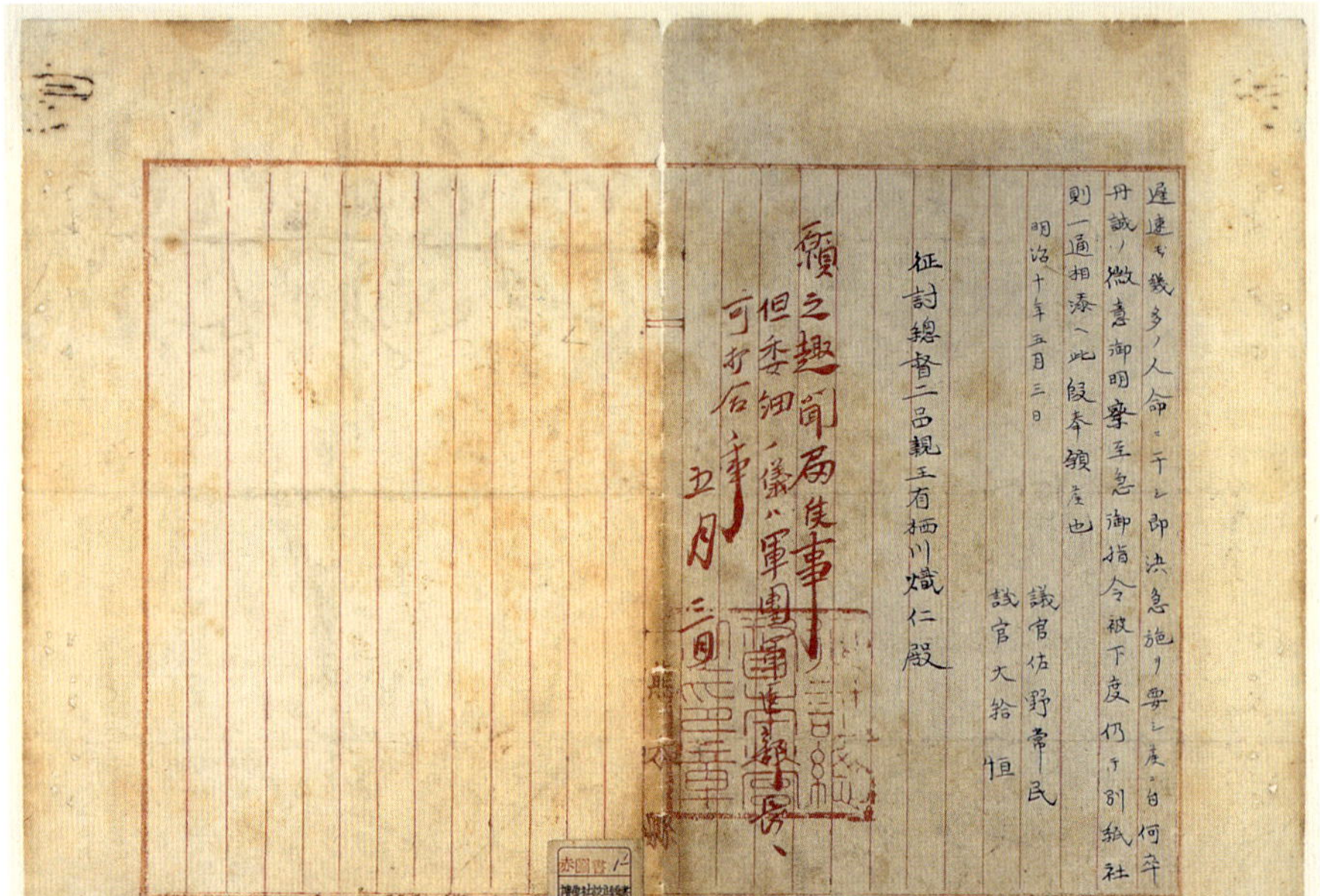

遅速モ幾多ノ人命ニ干シ即決急施ヲ要シ候ニ付何卒丹誠ノ微意御明察至急御指令被下度仍テ別紙社則一通相添ヘ此段奉願候也

明治十年五月三日

議官佐野常民

議官大給恒

征討総督二品親王有栖川熾仁殿

願之趣聞届候事

但委細ノ儀ハ軍團[illegible]可打合事

五月三日

博愛社設立願書／日本赤十字社蔵

ます。

そして佐野は博愛社を設立して有志者の協賛を募り、社員を戦地に派遣して医官の指示に従って傷者を救済するとともに、次に記すように敵兵救護を主張したのである。

暴徒の死傷者は救護体制も整っていないため、山野で雨露にさらされたままです。彼らは官軍に敵対したといっても皇国人民、皇家の赤子《せきし》です。負傷して死を待つ者を捨てて顧みないのは人情の忍びないところです。彼らを救助、治療したいのです。

敵味方を問わずに救護するという考えは崇高である。しかし、佐野は敵兵救護が「朝廷が寛大で情け深いことを内外に明らかにするだけではなく、感化する一端ともなります。欧米の文明国の戦争では敵味方の別なく救済する慣習の例は枚挙に暇がありません」と記しているところも重要である。佐野は、政府内外に敵兵救護という考え方を理解できない者の存在を想定し、彼らを説得するために、それが国民感化の一方法となって国家運営にプラスになること、文明国では慣例であることを記したのであろう。

明治十年という時期は、まだ天皇を中心とした中央集権国家の建設途中であり、相次ぐ士族反乱は国家の土台を揺るがし続けた。もし、政府が西南戦争に動揺す

有栖川宮熾仁／長崎大学附属図書館蔵

ればその土台は崩壊する恐れがあった。敵兵救護は人民を感化して天皇への求心力を強め、国家の土台を強固にする現実的な方策でもあった。また、佐野は日本において敵兵救護という文明国の慣例を実践することにより、日本を軽侮してきた外国に、畏敬の念を起こさせることも期待していたのではないだろうか。

ちなみに敵兵救護の構想は、すでに明治七年の佐賀の乱の戦後処理において、前佐賀県令・岩村通俊《いわむらみちとし》らが、「病院を速やかに建てて官兵と賊兵を分けずに厚く傷の治療を施すべきです」と述べているように、特に新しい考え方ではない（『大久保利通文書』五）。一社を起こして敵味方を分かたず救護にあたるということが、新しかったのである。

博愛社設立の願書を提出した翌日（四月七日）、佐野は元老院に休暇願を提出、「小官の家は代々外科医を専門とし、長崎県下に門下生や旧知の人々も少なくありません。彼らに博愛社の趣旨を説諭し、協力してもらおうと考えております」と述べ、九州に出発しようとした。しかし、元老院は休暇ではなく、公用として佐野を派遣することとした（『元老院日誌』一）。二十九日、佐野は長崎に到着したが、この日、博愛社の願書が却下されてしまった。そこで佐野は五月二日にブドウ酒五本を持って熊本の本営にむかい、参軍山県有朋《やまがたありとも》に面会して博愛社設立の趣旨を説明し、征討総督有栖川宮熾仁《ありすがわのみやたるひと》への取り次ぎを願った。その甲斐あって三日には博愛社設立が許可されたのである。

のちに大隈重信は、「佐野が赤十字社を主唱した時は、これに耳を傾けるものなく、その名を聞いても何ものであるかを知らなかった程であったが、佐野は誠意をもって熱心に官庁や大衆に説き廻り、次第にその規模を拡げ、今では非常に大きな一団をつくり上げ、列国に対しても文明の余沢を分かち与えるようになった」と述べている（『大隈伯昔日譚』）。文明を列強と対等に分かち合えることは、佐野が切実に願うところでもあった。

佐野は七月に九州から帰京した。翌月、西南戦争は終結していなかったが、東京の上野では第一回内国博が開催され、その会場は大盛況であった。内国博は政府にとって、国民の目を西南戦争からそらす、都合の良い催しでもあった。

さて、この時期の佐野は元老院と博愛社の仕事に従事しており、内国博の事務には関わらなかったようである。しかし、その会場では佐野が蒔いた種が成長していたことが明らかになった。ウィーン万国博の技術伝習の成果があらわれていたのである。例えば測量器製造などを伝習してきた藤島常興《ふじしまつねおき》が、測量器製造器械を出品して龍紋賞（一等賞）を受賞し、製陶・製磁を伝習してきた納富介次郎《のうとみかいじろう》が磁器などを出品して龍紋賞を受賞したのである。

元老院での活躍

佐野は元老院の中でも積極的に発言し、その存在感を増していく。ここでは佐野の活躍が目立つ教育令と徴兵令改正審議を取り上げよう。

①教育令　明治五年（一八七二）に学制が発布され、国民皆学をめざして小学校が設立されたが、政府の画一的な手法は地方の反感を買い、学制反対一揆まで発生した。そこで文部省は小学校運営を町村の裁量に委ねた教育令を起草した。

ウィーン万博渡航団　前列中央が佐野常民、その左がワグネル、右端が納富介次郎
有田町歴史民俗資料館蔵

この布告案は、十二年四月から六月まで元老院で審議にかけられ、佐野らの学制の干渉主義を支持する者と、教育令の自由主義を支持する者とに分かれて、激しい議論が戦わされたのである。後年、久保田譲《くぼたゆずる》（枢密院顧問官）は、「元老院では大分やかましい議論が出た。佐野常民のごときは一時間もかかって反対演説をやった」と回顧している（『教育五十年史』）。『元老院会議筆記』（前期第六巻）の教育令の討議部分をみると、佐野一人で全体の二割も発言していたことがわかる（議官は毎回十八人程度出席していた）。ところが佐野の意見は、ことごとく廃案となってしまったのである。ここではその意見を二点みてみよう。

第一に男女共学反対である。布告案第四十四条は例外的に小学校の男女共学を認めていた。これに対して佐野は「男女は年齢により不品行な者が出るだけでなく教則も異なる。アメリカなどに男女平均論があるが、元来、男女は強弱や性を異にするものであり、教場を同じくしてはならない」と反対した。しかし、佐野に賛成する者は一人もいなかった。

第二に教育令廃案である。教育令発布に伴い学制は廃止される予定であったが、佐野は「布告案は風邪の患者に温和剤を与えるところを誤って劇薬を用いて危篤に至らせるようなものである。教育令により各地人民の意見に放任すれば、その結果は廃校となるのと異ならないのではないか」と指摘し、学制の存続と教育令の廃案を提議した。しかし賛成者は一人であった。結局、佐野の意見は通らず、九月に教育令が発せられたが、就学率の低下や、経費節減のため廃校するところもみられた。佐野の危惧したことが現実のものとなってしまったのである。教育令は翌十三年に早くも改正されるに至る。

②徴兵令改正　明治六年に制定された徴兵令は国民皆兵をめざしたが、しだいに免役者が増加したため、十一年十二月、陸軍省は服役年限の延長や免役概則の制限を含んだ改正徴兵令を太政官に上申した。十二年六月、布告案全七十一条が元老院に廻され、四ヶ月間にわたって熱い議論が交わされた。ここでは元老院による修正が実現した第一条と、元老院が提出した独自案を取り上げる（『元老院会議筆記』前期第七巻）。

まず第一条である。九月九日、元老院議官から選ばれた佐野を含む五人の修正委員が元老院案（布告案を修正したもの）を提示した（傍線は筆者による）。

布告案　徴兵は歳甫《はじ》めて二十歳に至る者を徴し、以て陸軍に充《み》たしむる者なり

元老院案　徴兵は全国男子、護国の義務を帯《おび》る者を徴し、以て兵役に充《あっ》る者なり

成案　徴兵は全国の男子を徴集し、以て兵役に充る者なり

元老院案の主な変更は「二十歳」を削除して「護国ノ義務」を挿入した点である。佐野はこの説明として「第一条の精神は国民軍である十七歳から四十歳までの者を含めるものなので、二十歳と記すべきでない。また、冒頭に護国の字を掲げれば全国人民は護国の任務を忘れない」と述べた。明治六年の徴兵令では現役

兵の常備軍と、任期を終えた後備軍のほか、十七歳から四十歳の全国男子を国民軍と位置づけていたのである。結局、佐野が説明した「二十歳」削除案は受け入れられ、成案に反映されたが、「護国ノ義務」については、逆にその義務をもたない者の存在を公認してしまうとの反対意見が優勢で消滅した。

次に佐野らが提出した元老院独自案「公立学校に兵隊教練課程を設置する意見書」である。佐野は次のように説明した（文頭のスウェーデンはスイスの誤りであろう）。

スウェーデンが少ない常備軍で大国と対峙できるのは、若年から学校で軍陣を教え、有事には彼らが精兵となるからである。日本の兵役は武士の仕事で、他の人民が関わらなかったため、徴兵制をとっても兵士が集まらない。そこで若年から文教と武技を教えて兵力を養成することが緊要である。

佐野は、すでに幕末の「藩弊刷新及軍制の改革建白」で、武事を教えるのは若い時に限ると記しており、ここでも改めてこの考えを主張したのである。しかし、学校で育成された兵力が、必ずしも政府に従順な兵力のままでいる保証はない。結局、学業がおろそかになるなどの意見が出され、激しく議論が交わされたが、廃案となった。

明治初期の大蔵省／長崎大学附属図書館蔵

明治初期の元老院／同上

大蔵卿就任と明治十四年政変

西南戦争が終結すると、戦費調達のために大量発行した不換紙幣の影響でインフレが高進し、大隈重信大蔵卿が進めてきた財政策に疑問を抱く者が増えていった。このため伊藤博文内務卿らは大隈に対して大蔵卿辞任を迫り、大隈は佐野を大蔵卿に就任させることを条件に、これを受け入れた。明治十三年（一八八〇）二月、佐野大蔵卿が誕生した。大隈はその後も佐野を介して影響力を保持しようとしたが、物事はそううまくは進まなかった。

同年五月、大隈は外債五〇〇〇万円募集による紙幣消却案を提出した。閣議はその採否をめぐり紛糾した結果、諸省卿の意見を聞くこととなった。そこで佐野大蔵卿は、大隈案には将来の償還に不安があり、これが国会開設論者の政府攻撃の口実となるとして反対を表明した。さらに、①外債一五〇〇万円を募集して貿易不均衡を是正する、②不換紙幣四六〇〇万を五年間で消却する、という二案を提示した。結局、大隈案は却下され、佐野案もそのまま採用されることはなかった。しかし、②の不換紙幣消却の財源として考えられた、新年度予算を前年度水準に固定することや、土木費・官費削減、酒税増税などは、十四年度予算に活かされることとなった。このように佐野案が財政方針に大きな影響を与えた結果、佐野の政府における発言力も大きく上昇したのである。

ところが明治十四年の政変が起こるのである。北方開拓のため明治二年に設置された開拓使は十五年に廃止が予定されていた。そこで黒田清隆開拓使長官は、

伊藤博文／国立国会図書館ＨＰ

大隈重信／同右

開拓使官有物を開拓使官吏と関係の深い政商に払い下げることにより事業の継続を目論んだのである。十四年八月、政府は払い下げを許可したが、この価格があまりにも安価であったため、新聞社が批判を始め、やがて政府を揺るがす大問題に発展した。八月、佐野は次のように払い下げ反対を表明した（『大隈重信関係文書』六）。

巨額の資金を投じた開拓事業は官民双方の利益にならなければならず、軽率に処置しては大損害となる虞《おそれ》があります。ましてや官有物を公売せずに特典をつけて一社に払い下げれば、人々の疑惑を招くことは間違いありません。払い下げが実施されれば、過激論者がこれを口実に政府を誹謗して民心を動揺させることは明らかです。

佐野が最も危惧したのは、大隈の外債案に反対した理由と同じく、過激な民権論者が民心を動揺させることであった。結局、政府は払い下げを中止し、十月、大隈を新聞社の批判キャンペーン首謀者として罷免した。

この後、佐野は大隈に手紙を書き、辞職を受け入れたことに対して「実に衆目を驚かし、豪傑の気性を明らかにしたことは国家の将来のために喜ぶべき事です」と称賛した。しかし、続けて「老婆心ながら、充分に厳しく自らを省みて静養し、沈黙につとめ、時事に論及せず、来客も断り、静かに徳望を養うことが専一です」とお節介を焼いている（『大隈重信関係文書』六）。こういうところが大隈が佐野を苦手とするところなのであろう。しかし、その佐野も大蔵卿を更迭されて元老院副議長に就任することとなった（十五年に議長となる）。佐野常民、耳順、六十歳を迎えた。

第二回内国勧業博覧会とアジア博覧会

明治十四年（一八八一）三月、第二回内国博が上野で開会した。全国から上野めがけて人が押しよせ、入場者は第一回の四十五万人から八十二万人へ、出品者は一万六千人から三万一千人へ、それぞれ約二倍となった。西洋から導入された博覧会が明治の世に定着した証である。大蔵卿であった佐野は副総裁と審査総長を兼務した。佐野は、六月十日の褒賞授与式で審査概況を報告し、全体としては出品数が倍増し、展示技術が向上したことを述べるとともに、次のように各区の出品を批評した（『第二回内国勧業博覧会報告書』）。

第一区　鉱業・冶金＝日本は鉱物に富むが採集方法が精巧ではない。
第二区　製造品＝手工業主体で生産額が少なく、品質・価格も不均一である。
第三区　美術＝新奇を好んで固有の趣を失っているものがある。
第四区　機械＝学術未開・資力不足のため、みるに足りるものは少ない。
第五区　農業＝農具が旧式で改良されていないため、農業がふるわない。
第六区　園芸＝特に改良の点をみない。

東京上野第二勧業博覧会図
佐賀城本丸歴史館蔵

以上のように佐野の評価は厳しいが、博覧会は出品物を専門家が正しく批評して問題点を抽出し、これを後日の改良に活かすところに意義がある。

さて、佐野は明治六年のウィーン万国博の参加時から、国際博覧会構想を温めていたが、第二回内国博が終了すると、次の第三回は出品範囲をアジアまで拡大した博覧会とすることを建議した。博覧会によりアジア経済全体を底上げし、ヨーロッパを凌駕しようと考えたのである。また、博覧会を契機とする生産拡大は輸入超過などを救う近道になると、大蔵卿としての視点も提示した。ところが明治十四年政変により、佐野が大蔵卿を更迭されると、この構想もかえりみられなくなってしまった。

しかし、明治十八年六月、西郷従道《さいごうつぐみち》農商務卿は紀元二五五〇年にあたる明治二十三年を期してアジア博覧会を開催する旨を建議した。西郷はアジア博覧会を国家行事の紀元祭と抱き合わせて、その実現をはかったのである。政府も簡単に廃案にするわけにもいかず、七月、アジア博覧会組織取調委員が設置され、佐野が委員長に就任した。

アジア博覧会に対するマスコミの反応は賛否に分かれた。『時事新報』は条約改正を有利に進めるために賛成し、博覧会期間中に日本全体を博覧会場とし、各地で外国人を厚遇して日本の評判をあげようと記した。一方、『朝野新聞』は遠洋孤島の日本に多くの外国客は見込めず、議会選挙に莫大な費用を要する時なので博覧会は不必要であると反対した。

明治十九年六月、佐野はアジア博覧会報告書を提出し、経費として一〇二万円

佐野常民／長崎大学附属図書館蔵

を計上した。報告では十四年の佐野提案が繰り返されるとともに、会場に貿易館を設置して欧米の機械を展示することが提案された。これは出品範囲をアジアに限定すると欧米の最新機械の出品が見込めないからである。しかし、緊縮財政を貫く松方《まつかた》正義《まさよし》大蔵卿が一〇二万もの出費を認めるはずがなかった。松方が経費五〇万で内国博を開設するべきであると反論した結果、アジア博覧会は廃案となった。それでも、明治二十三年に開催された第三回内国博には、佐野が提案した貿易館が、参考館という名で実現したのである。

古美術保護と内国絵画共進会

後年、佐野がある大臣に「いつ頃から美術に熱心になったのですか」と質問され、次のように応えている（『読売新聞』明治二十三年六月十八日付）。

維新前の世の中が騒がしい頃、幕府各藩がむやみに諸道具を売却しましたが、その中の古器物を商人が海外へ高値で売りさばいたことを聞き、我慢なりませんでした。その後、ウィーン万国博で古物保存・美術改良の必要を悟り、これに尽力するようになったのです。

佐野はウィーン万国博の際にヨーロッパを視察し、日本において外国に誇ることのできる唯一のものが美術品であると悟った。それゆえ、それが日本から失われていくこと、そして新たに制作される美術品に日本固有の趣が失われていることに大きな危機感を抱いたのである。そこで佐野は、明治十二年（一八七九）に龍池会《りゅうちかい》を結成し、会頭となって日本美術の復興につとめた。十三年一月の発会の際、佐野は龍池会の目的を「考古利今」と述べた。これは日本では「古《いにしえ》」の美術は優れているが、「今」のそれは劣っており、「古」を考えなければ「今」に利することは難しいという意味である（『工芸叢談』）。

　龍池会は内務省が明治十三年に開いた観古美術会（古書画・工芸展覧会）を引き継ぎ、翌年から毎年、これを開催していった。十五年の第三回観古美術会ではアーネスト・フェノロサの講演「美術真説」が行われ、日本画奨励と油絵・文人画排斥が訴えられ、美術協会の設立、新画展観会の開催が提案された。新画展観会は絵画共進会として実現する。また、龍池会は十六年と十七年にパリで日本美術縦覧会を開催し、日本美術の宣伝にもつとめたのである。

　明治十五年、第一回内国絵画共進会が開催され、出品物は光琳派、狩野派、円山派といったように流派別に陳列されたが、フェノロサが提起した通り、洋画は排除されていた。また、社寺や華族などが所蔵する貴重な古画の展覧も行われ、「考古利今」が実践された。佐野も中世の水墨画家である雪村《せっそん》の「八景」を出品している。

　審査長をつとめた佐野は、審査報告で「現在の絵画は古画の良所を理解せず、戯れに描いたり、外国の油絵に幻惑されて日本固有の画法をなげうち、天然美術の淵源（根源）における精神の養成につとめなかったために衰退した」と述べた（『内国絵画共進会審査報告』）。佐野は、日本美術の衰退原因を洋画の模倣と、美術における「精神」養成を怠ったことに求めたのである。この「精神」の意味は難解であるが、これを悟ったのは、次に述べるように幕末だという（『佐野伯演説集』）。

三重津海軍所の業務に従事していた頃、薄暮に仕事を終えて帰宅し眠りに就くと、夢に戸をたたく者がある。起きてみると髪もヒゲも雪のように白い老僧がいた。老僧は「私は東海の孤島にすむ画僧である。あなたのために描こう」といって春山と緑竹を描いた。一つは明麗で真に迫り、一つは蕭麗《しょうれい》（しめやか）で今にも動くようであった。そこで私は「青山移影緑竹有声」と題した。老僧はこれを見て頷き、「画家の奥義とは、精神を写すことにある」と微笑して去っていった。

夢から覚めた佐野は、絵画には精神が不可欠であると悟ったという。このように佐野は精神の大切さも説くが、何も精神的なことばかり述べているわけではない。一方では美術は「工業を助けて国益を増進するもの」と、現実的な見解も表明していたのである。

さて、第一回内国絵画共進会では、優秀作品には金印・銀印・銅印・褒状が授与されることとなっていたが、審査の結果、金印該当者はなく、最高は銀印を受賞した橋本《はしもと》雅邦《がほう》ら四名であった。出品数は二〇四八点にのぼったが、金印受賞者を出さない厳しい審査には日本画衰退を訴える佐野の意図があったようだ。

明治十七年四月には第二回内国絵画共進会が開催され、佐野は審査御用掛をつ

工部大学校／長崎大学附属図書館蔵

とめた。今回は「高綱宇治川先登図」などを出品した守住貫魚《もりずみつらな》のみに金章が授与された。審査はまだ厳しかったようである。

さて、審査結果に不満はつきものであるが、世間では「審査官、画工の顔に泥を塗り」とか、「審査の摺古木《すりこぎ》、佐野味噌へゴマを摺り」（味噌をつくる時、摺鉢の中に大豆を入れ、摺り粉木《こぎ》でこすることと佐野をかけた）などと狂句がよまれた（『日本』明治四十年三月二十日付）。佐野は日本美術界に対して大きな影響力を持っており、狂句によまれるなど批判もあったが、工部大学校などにつとめたイギリス人ヘンリー・ダイアーは、佐野の日本美術復興活動を次のように評価している（『大日本』）。

> 日本は佐野氏とその協力者たちにおおいに感謝すべきである。というのも、佐野氏らの努力を通じて、いまや日本美術の様々な分野に数多くの芸術家を輩出するに至り、往時の傑作にも引けをとらない立派な作品を生み出すようになったからである。

衛生事業とのかかわり

幕末に開かれた港からは日本の貴重な古器物が出て行ってしまったが、そのかわりに西洋文物が流入し、それは日本に文明開化という現象を引き起こしていった。しかし港には招かざる客であるコレラもやってきて、各地で流行を繰り返したのである。明治十年（一八七七）七月に外国船で長崎・横浜に運ばれたコレラは熊本・鹿児島に広がり、西南戦争の帰還兵により京阪地方に持ち込まれて大流行した。十一年には沈静化したが、十二年に再び大流行となった。内務省は同年七月、中央衛生会を組織して検疫などについて審議し、十二月にはこれを衛生事務を審議する恒久機関とし、全国規模で衛生体制を整えようとした。佐野はこの会長に任命されたが、翌十三年の大蔵卿着任に伴い、その任を解かれた。

政府が衛生事業に熱心でも民間にその気がなければ意味がない。佐野もこの点を痛感しており、明治十五年に大日本私立衛生会の話が持ち上がると喜んで賛成し、そのまま会長に担ぎ上げられてしまった。ところが、十六年五月の発会式の際は熱海で療養中であり（表2⑧参照）、そこから次の祝辞を送付することとなった（『大日本私立衛生会雑誌』一）。

私が幕末に長崎伝習に参加していた際、よく病気で欠席したので、オランダ人教師に「なぜ日本人は多病なのか、ヨーロッパ人にはないことだ」といわれ、それから衛生について考えるようになった。本来、西洋人が健康で東洋人が虚弱であることはない。衛生を講じて病を防げば西洋人に劣らない健康の民となり、日本が文明国、富国となることは疑いない。衛生は各人の急務で政府に任せておくべきものではない。

しかしながら、当人が病で発会式に欠席したのであるから説得力に欠ける。そ

	時期（明治）	療養先
①	8年8～10月	木賀温泉
②	9年4～5月	有馬温泉
③	9年9月	神奈川
④	10年10～11月	群馬
⑤	11年8月	伊香保温泉
⑥	12年11月～不詳	熱海温泉
⑦	14年12～15年1月	茨城・栃木
⑧	16年5～9月	熱海温泉
⑨	17年1月	横浜
⑩	17年8～9月	箱根温泉
⑪	18年12～19年1月	浦賀

表2　佐野の療養記録

こは佐野も心得ていて、「私が発会式に病気のために出られないのは、これまた衛生をおろそかにしたからであり、深く恥じています」と祝辞を閉じた。佐野は、その後も健康が優れず、総会や常会に出席することは稀であったという。

明治十年代の佐野の活躍は肝臓病と闘いながらのものであった。明治元～十八年までの政府公文書を編集した『公文録』には、佐野の休暇記録が残っており、これを表2にまとめた。

ウィーン万国博業務終了の後、肝臓病が再発し、明治八年九月に箱根の木賀温泉に湯治にいったが、完治しないまま十月に帰京した（①）。九年には侍医伊東盛貞により肝臓の炎症と診察され、兵庫の有馬温泉で療養することを指導された（②）。⑥は徴兵令改正の審議が、ほぼ休みなしで行われたために取得した特別休暇による療養である。十三年は大蔵卿であったため、休暇がとれなかったのかもしれない。④⑦⑨は温泉ではなく「逍遙」したと記録されており、⑪は海水温浴であったようだ。表2にはないが、『日本赤十字社史稿』には十五年四月から八月まで熱海で療養したとの記事がある。この時の佐野は海岸の散歩を日課としていたが、山の手の散歩道がないことに気づき、熱海の将来の繁栄を考えて、自ら指揮して海岸に通じる散歩道を開いたという。また、佐野は富士を深く愛しており、雲が晴れて富士がみえると狂喜し、人の声も耳に入らなかったそうである。

佐野は毎年のように温泉などで療養し、肝臓病とつきあいながら国家建設に貢献していったのである。明治二十年五月、その功績が認められ、華族に列せられ子爵となった。

第六章　明治憲法体制と佐野常民

日本美術協会の発足

明治二十年（一八八七）十二月、龍池会は日本美術協会と改称し、美術展示館（現・上野の森美術館）を設置し、日本美術の振興につとめ、現在にいたっている。会頭に就任した佐野常民は、二十一年一月、会の委員に対し、「陸海軍、教育、医術、政治などは外国の方法を導入して我が国の短所を補ったが、美術だけは外国の称賛を受けており、その固有の美を拡張しないわけにはいかない」と演説した（『佐野伯演説集』）。佐野のいう通り、日本美術は多くの外国人を魅了した。イギリス人チャールズ・ホームもその一人である。彼は二十二年に来日して各地を旅行し、帰国後、美術誌を発行して日本美術を紹介し、ヨーロッパのジャポニスムに寄与したのである。ホームが佐野邸に招待された時の記録をみてみよう（『チャールズ・ホームの日本旅行記』）。

彼（佐野）の家は「障子」の引き戸がある日本家屋だが、テーブルや椅子、

銀製鯉香炉／東京国立博物館蔵（Image:TNM Image Archives）

さまざまな模様や色の絨毯などいくつかヨーロッパの調度品もあった。佐野氏はとても快活そうな老人だ。彼は美術に関する事柄に熱中しており、皆で古今の日本美術について長いこと話し込んだ。

佐野の自宅は、まさに佐野自身をあらわしているように、和風を基本に洋風で彩られていた。この時の佐野も日本美術の海外流出に頭を悩ましていたようで、ホームからギリシアの古美術保護の事例を聞いている。さて、話の後で佐野はあるものをホームに見せた。

彼（佐野）は魚の形をした銀の花瓶を見せてくれた。しばらくの間、海の底に沈んでいたものだという。ウィーン博覧会に出品され、帰りに船が難破したのだ。黒い上塗りは剥がれ落ちていたが、この花瓶が面白いのは、次のような中国語の銘文がついていたことである。「海の底にいた鯉は、いつか木か山を登ることになる」。

佐野は花瓶が引き揚げられた際、この銘文が引き揚げの予言のようで面白いと引き取ったのである。佐賀市佐野常民記念館には、次のように花瓶（香炉）の解説文が残っている。

この香炉は二年余りを経て引き揚げられたもので、海水に浸っていたため黒ずんでしまったが、「化龍昇天」（龍に化して天に昇る）の姿勢は、かえって真に迫っているようだ。香炉には「莫道長潜水飛騰亦有時」（道《い》う莫《なか》れ長く水に潜《ひそ》めるを、飛騰《ひとう》亦《ま》た時《とき》有り）と銘がある。これは単に鯉を詠んだものに過ぎないが、この香炉を予言したもののようで不思議なことである。

ホームが花瓶と記したものは香炉（名越建福《なごしけんぷく》作）であり、佐野はこれを第三回観古美術会にも出品し、大切に保持していたようである。

枢密院における憲法草案審議

佐野が述べるように日本の政治（議会）制度は外国から輸入されたものであるが、その政治を遂行する基本となる憲法も、伊藤博文が中心となり、プロシアなどの憲法を調査して起草したものである。明治二十一年（一八八八）四月、伊藤が大日本帝国憲法草案（全七章七十六条）を奉呈すると、これを審議するために枢密院が設置され、顧問官として佐野、大木喬任《おおきたかとう》、勝安芳《かつやすよし》（海舟）ら、維新の重鎮十八名が選ばれた。七ヶ月に及んだ審議には明治天皇、親王、大臣らも出席し、全七十六条のうち四十八条が修正・削除されたのである。最も熱心に発言したのは佐野のほか、河野敏鎌《こうのとがま》、副島種臣《そえじまたねおみ》、鳥尾小弥太《とりおこやた》、森有礼《もりありのり》、山田顕義《やまだあきよし》といわれている。

審議は六月十八日に始まった。伊藤議長が開会の辞を述べ、井上毅《いのうえこわし》書記官長が草案を第一条から読み上げた後、質問が受け付けられた。質問第一号は、もちろん佐野であった。

それは第一条「日本帝国は万世一系の天皇之《これ》を統治す」に対するもので、佐野は「通例、ヨーロッパ各国の憲法の最初の条項は国土について記すが、なぜ第一条に国境の記述がないのか」と問うたのである。これに対して井上は「各国憲法を精査したが国境の条項については一様ではなかった。我が国は二五〇〇年間、領土を変更したことがないので条文に記す必要はない」と述べた。佐野は井上の意見に承知しながらも発言を続けたが、伊藤により打ち切られてしまった。佐野はこの後も各条の審議で積極的に発言したが、本節では次の第六十六条（発布時は六十五条）の審議を記すに止めよう（『枢密院会議議事録』一、三）。

草案　予算及其の他会計に関る議案は、前《さ》きに衆議院に提出し、其議決を経たる後、貴族院に提出すべし

貴族院は予算に付、全体を議するに止まり、逐条修正することを得ず

成案　予算は前《さき》に衆議院に提出すべし

本条は衆議院の予算先議権を定め、貴族院の予算審議権を制限するもので、後半の条項（「貴族院は予算……」）は、両院の意見が一致せずに予算が不成立に終わることを防ぐために設けられたものである。

七月六日、佐野は両院の予算審議の権限を同一にすべきであるとし、後半の条項の削除を主張したが、賛成者はなく原案通り可決された。しかし、佐野は諦

枢密院会議之図／早稲田大学図書館蔵

めなかった。十二月二十七日には伊藤に手紙を書き、「再三再四、考えましたが、両院の議権を異にするのは道理に合わず、今日の風潮を制するためにも貴族院に議権を与える方が、将来有益です。予算審議を衆議院のみに任せてしまえば、余程の障害があるかもしれません」と記した。また、手紙の冒頭で「先夕はお散歩中にお邪魔し、すみません」と謝っているので、おそらく前日にも伊藤の散歩中に突撃して持論を展開したのであろう（『伊藤博文関係文書』五）。

翌明治二十二年一月十六日の審議でも、佐野は「欧米の多くは両院に予算修正権を与えている。我が国の情勢においてはなおさら貴族院に修正権を与えなければならない」と訴えた。今度は出席員二十人中、八人の賛成を得たが採用されなかった。それでも佐野は諦めない。三十日の審議が一段落すると、議題となっていないにもかかわらず第六十六条について演説を始め、「現在の我が国の形勢からみると衆議院は不適当な議決をするかもしれず、貴族院はそれを制することが必要である」と述べた。今度は出席員十八人中、十一人の賛成があり、佐野の意見が採用され、貴族院の予算審議権の制限条項は削除された。

佐野は明治十四年の開拓使事業の払い下げの際、過激な民権論者たちが民心を動揺させることを危険視していた。二十三年に開かれる議会では、彼らが衆議院議員となって政府を攻撃することは明らかであった。佐野は彼らによる「不適当な議決」＝「余程の障害」を、憲法条文で未然に防御しておくことが是が非でも必要と考えたのである。

さて、佐野は憲法体制が「二五〇〇年来の国体において未曾有の重大事で、特

松方正義

別緻密な評議が必要である」と述べたが、これは他の顧問官たちも佐野と同じ認識を持っていたであろう。憲法は枢密院で一字一句にわたるまで綿密に審議された結果、明治二十二年二月十一日に発布され、アジア太平洋戦争に敗北するまで一度も改正されることがなかった。この近代日本を規定した根本法典の審議、修正に、大きく関わったのが佐野常民なのである。

農商務大臣就任と第四回内国勧業博覧会

明治二十三年（一八九〇）に第一回帝国議会が開催され、政府と民党の対決が始まった。二十五年五月から開かれた第三議会では、佐野が尽力した六十五条（枢密院審議の際は六十六条）が争点の一つとなった。衆議院が前議会で削減した二十五年度予算案の軍艦製造費などを、貴族院が復活させて修正し、衆議院に回付してきた。衆議院はこれを不合法であるとして案を突き返し、両院間で紛争が生じたのである。結局、両院は六十五条により予算の協賛において対等であり、貴族院は衆議院で修正された点を政府案に基づき審議して再修正できる、という勅命がおりて決着した。もし、枢密院審議の段階で佐野の主張が通らず、六十五条により貴族院の予算審議権が制限されていたら、このような決着には至らなかったであろう。

この時の松方正義内閣は、衆議院の過半数を占める民党の扱いに苦慮しており、七月十四日に内閣を改造して佐野を農商務大臣に迎えたが、政権運営に自信を無くした松方は、三十日に辞表を提出してしまった。この極めて短い農商務大臣在任中に佐野が行った仕事の一つは、内国博の輪番制を提示したことである。

内国博が開催地に莫大な利益をもたらすことは、第一〜三回の開催で証明されていた。このため、内国博を都市発展の起爆剤にしようとした大阪、京都などが第四回内国博の誘致を主張した。一方、東京は移設を反対し、誘致合戦が始まった。佐野は京都は美術の中心地、大阪は商業の中心地で、それぞれ重要なので、第四回は京都、第五回は大阪、そして第六回は東京で開催するという三府輪番制を提案した。当初、大阪と東京はこれに応じなかったが、十一月に大阪が京都開催に同意し、翌年一月の第四議会に提出された東京開催案が否決されると、京都開催が決定した。

京都が誘致に成功した理由の一つは、内国博を桓武天皇の遷都千百年祭（紀念祭）と抱き合わせてアピールしたことである。開催年の明治二十八年（一八九五）は、桓武天皇が平安京に遷都し、翌年に大極殿《だいごくでん》で執務を始めてから、一一〇〇年にあたる年であった。誘致に成功した以上、京都は内国博とともに紀念祭を成功させなければならなかった。そこで京都市議らは後援団体として平安遷都千百年紀念祭協賛会を設立した。そしてその総裁に有栖川宮熾仁、会長に近衛篤麿《このえあつまろ》、副会長に佐野が就任したのである。

この協賛会は各道府県に支部を置く全国組織となり、三十八万円もの寄付を集め、祭場に紀念殿（模造大極殿）を建設することとなった。しかし、計画途中で佐野がこの案の規模を拡大した平安神社建設構想を明らかにし、これが実現して平安神宮となったのである。

明治二十八年四月、第四回内国博が開会し、京都の社寺は本尊開帳や宝物を公開するなど内国博を盛り上げた。一方、三十日に予定していた紀念祭は天皇の都合で延期され、十月に挙行された。同月、七十四歳を迎える佐野は伯爵となった。なお、紀念祭の余興として催された時代行列は、現在も時代祭として続いている。

日本赤十字社と日清戦争

明治二十年（一八八七）五月、博愛社は日本赤十字社（以下、日赤）と改称し、初代社長に佐野が就任した。今後想定される対外戦争において傷兵救護にあたるには、諸外国の公認が必要であり、社名を改めて国際赤十字に加盟したのである。

明治二十一年七月十五日、福島県の磐梯山が大噴火した。周辺村落に多くの犠牲者が出たため、日赤は平時として初めて救護員を派遣した。枢密院での憲法審議が一段落した佐野は、仙台に旅行に出かけていたが、その途次、現場に駆けつけた。この時、ボランティアとして救護に参加していた医学生は、佐野に「まぁよくやって来てくれた。当社の医員も不眠不休で大分疲労しており、またこの地域は適当な医師が乏しく困却しているので、この際、是非、手伝ってもらいたい」とお願いされたという（『三輪徳寛』）。日赤はこれを皮切りに、日本各地の災害に対して積極的に救護員を派遣していくのである。

対外戦争への最初の派遣は、明治二十七年七月に勃発した日清戦争である。日赤は陸軍大臣に許可を得ると戦地に救護員を派遣するとともに、国内の各病院でも捕虜患者の看護にあたった。佐野も東京や広島、佐世保などの病院を慰問して

佐野常民書額　進徳脩業。明治二十八年四月。佐野常民。／佐賀県立佐賀西高等学校蔵

患者に手ぬぐいや煙草を贈った。日清戦争に従事した日赤救護員は一三九六名にのぼったが、二十五名が殉職してしまった。ほとんどが伝染病によるものであった。二十九年六月、殉職者の招魂祭がいとなまれ、祭主である佐野は、次のように哀悼の意を表したのである。

　連戦連勝で国光を世界に耀かせて凱旋した軍隊とともに、熱心な歓迎を受けた中にあって、神壇に祭られた二十五名のみが帰らない人となったことを悲しまずにいられようか。身を捨ててその任務に尽くしたことは、救護員の鑑《かがみ》であり、その功績は長く伝えられていくべきである。

農商工高等会議の議長となる

日清戦争が終結すると、政府は官民協力のもと貿易拡張をはかるため、産業経済に関する諮問機関として農商工高等会議を設置した。その第一回目の会議が明治二十九年（一八九六）十月十九日から二十六日まで開かれた（第二回は三十年、第三回は三十一年開催）。議長には七十五歳になる佐野が選ばれた。議員は国立銀行頭取の渋沢栄一《しぶさわえいいち》や大阪商業会議所会頭の土居道夫《どいみちお》ら、官僚、財閥、商業会議所代表者で構成され、海外金融機関の拡張や重要輸出品の販路拡張など、貿易振興策に関わる七つの事項について議論された。会議初日は榎本武揚《えのもとたけあき》農商務大臣らの演説の後、佐野が挨拶をした（『農商工高等会議議事速記録』）。

佐野常民／国立国会図書館ＨＰ

日清戦後の世界情勢を考えると、農商工業を発達させて貿易を有利に進めることは、軍備拡張とともに重要なことであります。学識もあり経験にも富んだ諸君の席に列して、ご高説を承ることは誠に光栄でありますので、不束《ふつつか》の身ながら議長をお受け致しました。どうぞ国家の大なる公益を得るように、議論をして下さることを希望します。

会議の始まりにあたり、深い学識と豊富な経験を持つ佐野に、右のように述べられてしまったら、他の議員たちは軽率な発言もできないであろう。

議長の佐野は元老院議官時代とは異なり、議員の意見をよく聞いた。また、議員の発言の後に「私は不案内なので」と、もう一度、発言の要点を聞き出して論点を明確にしたり、発言を止めない者に対しては「明日になさいませ」と制したりと会議を操縦していった。

もっとも、佐野らしい一幕もあった。十九日の会議で、諮問事項のうちの海外金融機関拡張と海上保険の二題が密接に関わるので、一緒に議論することが決定した。しかし、二十二日、土居が錯雑を防ぐために別々に議論したいと提案した。これに対して佐野は「一緒に議論することとなっています」と認めない。土居への賛成意見が出ても、佐野は「議長は、すこぶる困ります」と認めない。政府委員が賛否を議場にはかるべしと提案したが、佐野は「一度議決したことを問題にするのは、すこぶる不体裁で本当の終結にはなりません」と認めない。しかし、さらに他の議員から議場にはかるべしとの意見が出ると、ついに佐野も屈して多数決をとり、土居の提案に決した。佐野は誠に原則を重視する男であった。

農商工高等会議は、日清戦後の経営方針に対して商工業者と政府官僚が意見を調整したところに意義がある。例えば議題の一つである重要輸出品の販路拡張の件は、欧米以外の重要市場に商品陳列所などを設置して直輸出を行うという案であるが、大倉組の大倉喜八郎は「農商務省が世話をするほどのことでもない」と廃案を示唆した。これに対し、金子堅太郎《かねこけんたろう》農商務次官は、海外貿易拡張費をもって日本製品を未開拓市場に売り込むことを熱心に説明し、商工業者たちの承諾を得た。そして、ウラジオストック、上海、バンコク、シンガポール、メキシコなどに商品陳列所が設置されていくのである。

晩年の佐野常民

明治三十二年（一八九九）七月、ロンドン日本協会副会長のアーサー・ディオシーが来日し、佐野邸を訪問した。佐野は幕末のパリ万国博参加の際にイギリスに渡り、ある家を訪れたが、実はそこに少年のディオシーがいたのである。この時、ディオシーは佐野から自筆の名刺と扇子一本をもらい、これを宝物にしていたという。東京で再会したディオシーは次のように述べた（『日本赤十字社史稿』）。

あの時、生まれて初めて日本人を見ました。威風、凜としており、日本人の厳然たる風姿に感じ入り、その後、日本を研究して日本協会の副会長となったのです。今、閣下の風姿は、髪の毛が白くなった以外は、昔と変わりません。

七十八歳になる佐野は三十年前と変わらず、凛としていたのである。この二年後、八十歳を迎える佐野は、高齢に達したとのことで天皇から木杯一組と酒肴料二十五円を賜った。

明治三十五年一月、六十年も寄り添ってきた妻の駒子が逝去した。翌三十六年刊行の『明治大臣の夫人』という本には「大臣の中で夫婦とも長生きしたのは、まず佐野伯夫婦であろう」と記され、駒子の逸話が載せられている。これによると、若い時の佐野は毎日二、三升も傾けたほどの大酒飲みで、駒子が諫《いさ》めると昼は辛抱したが、夜になるといつもの鯨飲となり、手がつけられなかった。それでも、ただの一度も不和の波がたたなかったという。この本の著者も「何とマー珍しい訳さ」と感心している。

神仏を尊崇する駒子は、暇さえあれば下男下女を助けていたため、彼らから神仏のように仕えられていた。また佐野には妾がいたが、駒子は彼女に対しても妹のように扱い、衣食住をともにし、和気藹々と生活していたというのである。何とまぁ珍しいわけである。この妻あって佐野があったのだ。

明治三十五年十一月二十二日、第三十二回日本美術協会の美術展覧会の褒賞授与式と併せて、創立記念の祝典が挙行され、佐野が挨拶に立った（『佐野伯演説集』）。

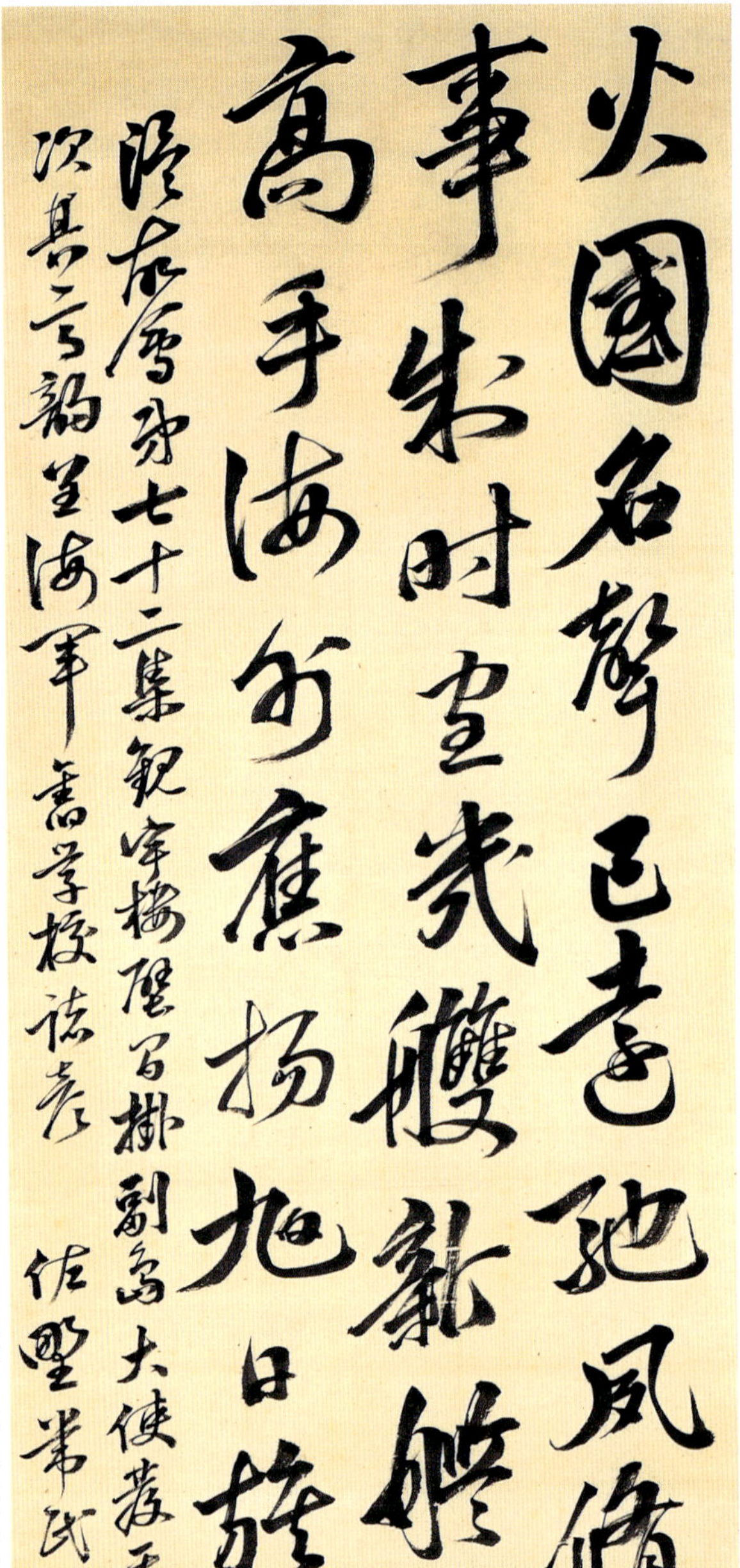

佐野常民書七言絶句　火国名声已遠馳。夙脩兵事制時宜。幾艘新艦任高手。海外応揚旭日旗。温故会第七十二集観宇楼壁間掛副島大使発天津詩。次其高韻呈海軍旧学校諸彦。佐野常民。／佐賀城本丸歴史館蔵

佐野駒子

明治十二年、龍池会と称した時は会員十九名、二十一年に日本美術協会と改称した時は会員五〇三名、そして本年には一六二一名に達し、創立以来、常に拡張を続けてきました。この拡張に尽力したにもかかわらず、すでに世を辞したために祝典に列することができない人が数十名もあるのは痛惜に堪えないことです。常民もまた、残された年を本会のために尽くそうと思います。

余命を悟っていたかのような演説であった。十二月六日、佐野は危篤に陥り、翌七日、天皇から見舞いとしてブドウ酒二ダースと菓子折が届けられたが、大隈重信、松方正義らに見守られ、東京の自宅で永眠した。

終章　海の船長、陸の船長

明治三十四年（一九〇一）刊行の『明治六十大臣』という本は、佐野常民について「佐賀閥の長老で、副島、大隈よりも先輩じゃ。長らく種々の要職にあたったが、華々しい功績もないかわりに、これぞという失策もない。まずもって無事安穏の男さ。人柄は角のない至極温厚な長老である」と記している。しかし、佐野の紹介は「藪医者」というタイトルで始まる。幕末の夏の日、佐野が鍋島直正の前で海軍創立の急務を説き、オランダではこうのイギリスではこうのと生かじりのことを並べると、直正は扇を振って「藪医者、よせよせ、モーわかった、この暑いに」といったという。佐野はしゃべり出すと止まらないのである。

後輩の大隈重信も、次のように回顧している（『佐野中尉』）。

佐野老伯は非常なエネルギー、恐るべき精力を有したのです。佐野老伯が議論を始めると、思うように賛成を得なければ、半日、どうかすると夜の十二時になっても止めず、相手が服するまで議論を続けるという有様でした。それであるから、「また佐野が来た、なるだけ面会せぬようにしろ、会ったら大変

陸奥宗光／国立国会図書館ＨＰ

だ」といった様な訳でした。実に不思議なるシブトイ人で、私なども佐野君に苦しめられたことは沢山あります。

一方、伊藤博文は、「佐野に会うや、くどくどと言葉が次々に出てきて、聞くのが嫌になるが、後から考えると、それは物事の本質を言い当てており、敬服せざるをえない」と述べている（『日本赤十字社史稿』）。どこまで伊藤のリップサービスか定かではないが、前半部分は真実であろう。また、大隈は「佐野は能弁であるが伊藤の能弁にはやられてしまうのであります、しかし心服しない、二、三日中には何か調べて来て議論をする、というような訳でナカナカ手ヒドイのでありました」と回想している。さすがの佐野も伊藤には議論では負けてしまうので、強固な精神力で勝負していたようである（『佐野中尉』）。

しかし、佐野が黙っている時もある。明治二十四年末、松方内閣が民党と衝突して衆議院を解散した。議会も休みとなるので陸奥宗光《むつむねみつ》農商務大臣や田中不二麿《たなかふじまろ》司法大臣らが集まって休日の過ごし方について話をしていた。そこに佐野がやってきた。陸奥が「僕はどこへも旅行せず一週間は自宅で寝て暮らします」といい、田中は「私も雑煮餅でも食べて寝るだけです」といったが、佐野は破顔微笑して黙っていたという。議会解散直後という大変な時期であるが、何かほのぼのとした空気が伝わってくる（『読売新聞』十二月二十九日）。

佐野は謹厳実直であるが、酒を鯨飲するという豪快な面もある。何事にも粘り強いのは確かであるが、その度を超えている。大給恒はこんな佐野をナマコにた

佐野常民

とえている。叩いても、折っても、引いても、ひねっても少しも変わらないという意味である。

佐野はこよなく富士山を愛し、日本美術を好んだが、外国から侮辱されたり、議論で負けることを嫌った。そう、佐野は日本が誇るものを愛し、誇りが傷つけられることを嫌ったのである。佐野は誠に「誇り」を大切にする人間であった。

このような佐野は、幕末には蒸気船製造や海軍創設に関わり、佐賀藩の改革を導く海の船長であった。そして維新後は、明治国家という新造船を和魂洋才をもって近代化に導く陸の船長であった。めったに挫けない誇り高き船長であった。

おわりに

そもそも伝記の役割とは何であろうか。基本的には、子どもの頃に読んだ人物伝のように、元気づけられたり、勇気づけられたりすれば良いのだと思う。しかし、主人公が危機に直面してどのような対応をとったのか、どのように成功し、または失敗したのか、これらを学ぶことは、自らが生きていく上での参考ともなろう。さらに、主人公の考え方、生き方を自分の人生と照らし合わせてみることで、自分の内面を、社会を、そして未来を考え直すことができるのではないだろうか。そこで本書は佐野の功績だけではなく、なるべく人間としての佐野を描こうとしたのであるが、筆者の能力の限界により、そこまでの伝記には仕上がらなかったようである。

筆者が本書の執筆に取りかかった頃は、佐野の行動に苦笑の連続であったが、しだいに佐野に魅せられるようになり、いつしか「負けるな常民！」と、応援するようになっていた。本来、歴史叙述は客観的でなければならないので、筆者は失格である。しかし、様々な障害と対決しながらも、誠に実直に生きていく佐野を、応援せずにはいられなかったのである。文章中に筆者の感情が入ってしまっているかもしれない。どうかお許し願いたい。

さて、「おわりに」に漕ぎ着けて、本書の執筆が実に面白く、刺激のある仕事であったとしみじみと感じている。この仕事を引き受けたのは、佐賀県立佐賀城本丸歴史館の古川英文副館長から、流麗な毛筆で書かれたお手紙をいただいた時である。しかし、非才な私は佐野については博覧会に関したこと以外、ほとんど知らなかった。そこで、一から調査を始めることとなった。そして、首都大学東京で佐野常民に関する講義を行ったが、調べれば調べるほど面白い事象がどんどん湧いてきて、講義は佐野が長崎海軍伝習所で活躍するところで、時間切れのため終わってしまった。それからネジをまき直して、なんとか、本書を完結させることができた。これもひとえに、先学の研究成果、そして資料閲覧などでご協力をいただいた方のおかげである。

資料調査にあたっては、佐賀市佐野常民記念館の近藤晋一郎氏から多大な協力を賜った。筆者が発する気ままな質問にも、常に真摯にそして丁寧に答えていただいた。また、佐賀市教育委員会の中野充氏には、三重津海軍所跡について解説していただき、徴古館の富田紘次氏には絵図などに関する情報をいただいた。さらに、日本赤十字社佐賀県支部からは佐野常民記念館に寄託している資料の閲覧許可をいただき、佐賀県立図書館や佐賀県立博物館では貴重な資料を閲覧させていただいた。そして古川英文副館長には、調査において様々な便宜をはかっていただくとともに、公私にわたり、大変お世話になった。以上の方々、諸機関に感謝の意を表し、筆を擱くこととする。

二〇一二年大晦日

國　雄行

晩年の佐野常民

佐野常民関連略年譜

（西暦）	（和暦）	（年齢）	（事項）
1822	文政 5	1	佐賀藩士下村充贇の五男として生まれる。
1832	天保 3	11	佐野儒仙の養子となる。
1834	天保 5	13	弘道館の外生となり，古賀穀堂に学ぶ（翌年，内生となる）。
1838	天保 9	17	江戸で古賀侗庵に漢学を学ぶ。
1839	天保10	18	前藩主斉直死去。佐賀に戻る。弘道館，松尾塾で学ぶ。
1842	天保13	21	駒子と結婚。
1846	弘化 3	25	京都の広瀬元恭の時習堂に入門。
1848	嘉永 1	27	大坂の緒方洪庵の適塾に入門。
1849	嘉永 2	28	江戸の伊東玄朴の象先堂に入門（翌年，ヅーフ・ハルマ質入れ事件）。
1851	嘉永 4	30	中村奇輔ら，技術者 4 人を伴い佐賀に帰る。長崎で洋学塾を開く。翌年，精煉方設置。
1853	嘉永 6	32	プチャーチン長崎来航。佐野，藩士を治療する。精煉方主任となる。
1855	安政 2	34	長崎の予備伝習に参加。精煉方，蒸気船などの雛形製作開始。長崎海軍伝習所開所。
1857	安政 4	36	中村奇輔とともに薩摩に行く。飛雲丸の船長となる。晨風丸製造開始。
1858	安政 5	37	晨風丸進水式。直正とともに薩摩に行く。勝麟太郎と会談。電流丸購入。
1859	安政 6	38	長崎海軍伝習所閉鎖。三重津海軍所の監督となる。公金濫用事件。
1860	万延 1	39	桜田門外の変。観光丸を江戸から回航する。
1861	文久 1	40	観光丸の船長となり，ポサドニック号事件で対馬に行く。
1865	慶応 1	44	日本最初の実用国産蒸気船の凌風丸完成。
1867	慶応 3	46	パリ万国博参加。オランダで軍艦発注。ベルギー，イギリスなどを視察。大政奉還。
1870	明治 3	49	兵部省出仕。工部省出仕。
1873	明治 6	52	ウィーン万国博参加。イタリア弁理公使。
1875	明治 8	54	ウィーン万国博報告書提出。元老院議官就任。木賀温泉で療養。
1877	明治10	56	西南戦争。博愛社設立。第 1 回内国勧業博覧会開催。
1879	明治12	58	龍池会会頭。元老院にて教育令，徴兵令改正審議。
1880	明治13	59	大蔵卿就任。大隈重信の外債募集案に反対。第 2 回内国博副総裁兼審査総長。
1881	明治14	60	第 2 回内国博開催。アジア博覧会開催建議。明治 14 年政変。元老院副議長。
1882	明治15	61	第 1 回内国絵画共進会審査長。元老院議長。
1883	明治16	62	大日本私立衛生会会頭。熱海温泉で長らく療養。
1884	明治17	63	第 2 回絵画共進会審査御用掛。
1885	明治18	64	アジア博覧会組織取調委員長。宮中顧問官。
1887	明治20	66	日本赤十字社社長。子爵となる。日本美術協会会頭。
1888	明治21	67	枢密院顧問官となり憲法審議。磐梯山が大噴火。
1889	明治22	68	チャールズ・ホームが佐野邸訪問。
1891	明治24	70	高齢のため酒肴料を賜る。
1892	明治25	71	農商務大臣就任。内国博輪番制を提案。
1893	明治26	72	平安遷都千百年紀念祭協賛会副会長。
1894	明治27	73	日清戦争勃発。
1895	明治28	74	平安神宮竣工。第 4 回内国博開催。伯爵となる。
1896	明治29	75	農商工高等会議議長。
1899	明治32	78	アーサー・ディオシーが佐野邸を訪問。
1901	明治34	80	高齢のため酒肴料を賜る。
1902	明治35	81	妻の駒子逝去。佐野常民、東京の自宅で逝去。

大日方純夫, 我部政男編『元老院日誌』1, 三一書房, 1981年
『佐賀藩幕末関係文書調査報告書』, 佐賀県立図書館編, 1981年
御厨貴「大久保没後体制—統治機構改革と財政転換」,『幕末・維新の日本』, 山川出版社, 1981年
『朝野新聞』, 復刻版, ぺりかん社, 1981-84年
『枢密院会議議事録』1・3, 東京大学出版会, 1984年
大久保利謙編著『続幕末和蘭留学関係史料集成』, 雄松堂出版, 1984年
R・H・ブラントン『お雇い外人の見た近代日本』, 徳力真太郎訳, 講談社, 1986年
長崎県史編集委員会編『長崎県史』対外交渉編, 吉川弘文館, 1986年
松村昌家『水晶宮物語—ロンドン万国博覧会1851』, リブロポート, 1986年（のちちくま学芸文庫で再刊）
『時事新報』復刻版, 龍渓書舎, 1986年〜
藤野保編『続佐賀藩の総合研究』, 吉川弘文館, 1987年
『日本』, 復刻版, ゆまに書房, 1988-90年
『佐賀県教育史』1資料編（1）, 佐賀県教育委員会, 1989年
農商工高等会議編『農商工高等会議議事速記録』, 復刻版, 原書房, 1991年
藤井哲博『長崎海軍伝習所』, 中公文庫, 1991年
鹿島茂『絶景、パリ万国博覧会—サン=シモンの鉄の夢』, 河出書房新社, 1992年
遠藤芳信『近代日本軍隊教育史研究』, 青木書店, 1994年
アンドリュー・コビング『幕末佐賀藩の対外関係の研究』, 鍋島報效会, 1994年
加藤陽子『徴兵制と近代日本』, 吉川弘文館, 1996年
宮地正人監修『徳川昭武幕末滞欧日記』, 松戸市戸定歴史館, 1997年
ヘンリー・ダイアー『大日本—技術立国日本の恩人が描いた明治日本の実像』, 実業之日本社, 1999年
ファビウス『海国日本の夜明け』, フォス美弥子編訳, 思文閣出版, 2000年
角山幸洋『ウィーン万国博の研究』, 関西大学経済・政治研究所, 2000年
原田三喜雄『近代日本と経済発展政策』, 東洋経済新報社, 2000年
吉川龍子『日赤の創始者 佐野常民』, 吉川弘文館, 2001年
日本経済新聞社監修『中外商業新報』, 復刻版, 柏書房, 2002年〜
保谷徹「批判と反省 オールコックは対馬占領を言わなかったか—1861年ポサドニック号事件における英国の対応について」,『歴史学研究』796, 2004年
室山義正『松方財政研究—不退転の政策行動と経済危機克服の実相』, ミネルヴァ書房, 2004年
國雄行『博覧会の時代—明治政府の博覧会政策』, 岩田書院, 2005年
『「大艦・巨砲ヲ造ル」・江戸時代の科学技術』, 佐賀城本丸歴史館, 2005年
西田みどり「安政年間の長崎における佐野常民、勝海舟、永持亨次郎の西洋に対する見方の比較研究」,『大正大学大学院研究論集』29, 2005年
麓慎一「ポサドニック号事件について」,『東京大学史料編纂所研究紀要』15, 2005年
『佐賀鍋島家「洋書目録」所収原書復元目録』, 松田清研究室, 2006年
西川智之「ウィーンのジャポニスム（前編）」,『言語文化論集』27（2）, 名古屋大学大学院国際言語文化研究科, 2006年
安達裕之「安政元年の海軍伝習」,『佐賀県立佐賀城本丸歴史館研究紀要』2, 2007年
『佐賀県近世史料』5（1）通巻第16冊, 佐賀県立図書館編, 2008年
尾原宏之「明治一二年元老院徴兵令改正審議の政治思想」上・下,『法学会雑誌』50（1・2）, 首都大学東京, 2009-2010年
黒沢文貴, 河合利修編『日本赤十字社と人道援助』, 東京大学出版会, 2009年
早稲田大学大学史資料センター編『大隈重信関係文書』6, みすず書房, 2010年
國雄行『博覧会と明治の日本』, 吉川弘文館, 2010年
チャールズ・ホーム『チャールズ・ホームの日本旅行記』, 菅靖子編, 彩流社, 2011年
佐賀市教育委員会編『佐賀市重要産業遺跡関係調査報告書第1集・幕末佐賀藩三重津海軍所跡』, 2012年
『公文録』,『諸雑公文書』, 国立公文書館蔵
『読売新聞』, CD-ROM版, 読売新聞社

佐野常民参考文献

佐野常民『安政五年日記』, 1858 年, 佐野常民記念館蔵
佐野常民『魯西亜語』, 1858 年, 佐野常民記念館蔵
佐野常民『覚書』, 1867-1868 年, 佐野常民記念館蔵
佐野常民『1868 オランダ製革手帳』, 1867-68 年, 佐野常民記念館蔵
『ウイナー・エキストラブラット』, 1873 年 8 月 20 日付, 佐野常民記念館蔵
佐野常民『在欧雑誌』, 1874 年, 佐野常民記念館蔵
塩田真編『工芸叢談』1, 1880 年
『第二回内国勧業博覧会報告書』, 農商務省博覧会掛, 1883 年
『大日本私立衛生会雑誌』, 大日本私立衛生会, 1883 年
農商務省編『内国絵画共進会審査報告』, 1883 年
佐野常民「海軍拡張論」,『国家学会雑誌』4（36）, 1890 年
『軍備論集』3 号, 1890 年, 防衛省防衛研究所蔵
円城寺清編『大隈伯昔日譚』, 立憲改進党党報局, 1895 年（のち早稲田大学出版部などから再刊）
田中芳男, 平山成信編『澳国博覧会参同記要』, 森山春雍, 1897 年
長田偶得『明治六十大臣―逸事奇談』, 大学館, 1901 年
大内徳亮編『旅行之友―学生必読』, 文光堂, 1902 年
岩崎徂堂『明治大臣の夫人』, 大学館, 1903 年
江森泰吉『佐野中尉』, 対雲堂, 1908 年
日本美術協会編『佐野伯演説集』, 1911 年
日本赤十字社編『日本赤十字社史稿』, 1911 年
伊東栄『伊東玄朴伝』, 玄文社, 1916 年
中村孝也『中牟田倉之助伝』, 中牟田武信, 1919 年
中野礼四郎編『鍋島直正公伝』第 1 ～ 6 編, 侯爵鍋島家編纂所, 1920 年
国民教育奨励会編『教育五十年史』, 民友社, 1922 年
平山成信『昨夢録』, 1925 年
植田豊橘編『ワグネル伝』, 博覧会出版協会, 1925 年
『大久保利通文書』5, 日本史籍協会, 1927 年
『久米博士九十年回顧録』上・下, 早稲田大学出版部, 1934 年
鈴木要吾編『三輪徳寛』, 三輪徳寛先生伝記編纂会, 1938 年
本間楽寛『佐野常民伝―海軍の先覚日本赤十字社の父』, 時代社, 1943 年
『元老院会議筆記』前期 6・7 , 元老院会議筆記刊行会, 1963 年
勝安芳『海軍歴史』, 海舟全集第 8 巻, 復刻版, 原書房, 1967 年
日本公衆衛生協会『公衆衛生の発達』, 日本公衆衛生協会, 1967 年
宮内庁編『明治天皇紀』, 吉川弘文館, 1968-77 年
『新渡戸稲造全集』1, 教文館, 1969 年
池田史郎「慶応三年パリ万国博覧会に関する新史料」,『日本歴史』256, 1969 年
秀島成忠編『佐賀藩海軍史』, 復刻版, 原書房, 1972 年
武雄市史編纂委員会編『武雄市史』上, 武雄市, 1972 年
清水伸『明治憲法制定史』下, 原書房, 1973 年
浦崎永錫『日本近代美術発達史』, 東京美術, 1974 年
佐々木高行『保古飛呂比』7, 東京大学史料編纂所編, 東京大学出版会, 1975 年
倉沢剛『教育令の研究』, 講談社, 1975 年
『熾仁親王日記』, 復刻版, 日本史籍協会編, 東京大学出版会, 1976 年
赤松則良述, 赤松範一編注『赤松則良半生談―幕末オランダ留学の記録』, 平凡社・東洋文庫, 1977 年
伊藤博文関係文書研究会編『伊藤博文関係文書』5, 塙書房, 1977 年
『佐賀市史』3, 佐賀市, 1978 年
大霞会編『内務省史』, 原書房, 1980 年

佐野常民関連史跡

弘道館跡
古賀精里の進言を入れて創設された佐賀藩の藩校。天保 11 年に 10 代藩主鍋島直正により佐賀城北堀端に移転拡張された。

佐賀市松原 2-5-22

佐野常民記念館
佐野の生誕地のほど近くに，三重津海軍所跡に臨んで立つ。佐野の生涯や業績を紹介している。
佐賀市川副町早津江津 446-1
TEL 0952-34-9455

徴古館
鍋島家に伝来した美術工芸品・歴史資料を収蔵・展示する博物館。財団法人鍋島報效会が運営。

佐賀市松原 2-5-22
TEL 0952-23-4200

三重津海軍所跡
佐賀藩が海軍の充実を図り，蒸気船などの修理・製造、海軍伝習を行なうため築いた。

佐賀市川副町早津江津

博愛社発祥縁起の地
西南戦争のとき，この地の正念寺に博愛社の救護所が開設されたため発祥の地とよばれる。

熊本県玉名郡玉東町木葉

佐野常民墓
青山霊園に妻・駒子と並んで葬られている。敷地内に日本赤十字社から寄贈された灯籠がある。
港区南青山 2-32-2
１種イ５号２６側
TEL 03-3401-3652

佐賀城本丸歴史館
幕末維新期の佐賀を紹介する展示を行なっている。幕末明治期佐賀藩の資料を収蔵している。
佐賀市城内 2-18-1
TEL 0952-41-7550

精煉方跡
佐野が主任として心血を注いだ佐賀藩の精煉方跡地。

佐賀市多布施３丁目

伯爵佐野常民君生誕地
大正 15 年，日本赤十字社創設 50 年記念事業の一つとして常民の生誕地跡に記念碑が建立された。

佐賀市川副町早津江津

長崎海軍伝習所跡
1855 年に海軍士官の養成機関として海軍伝習所が設置され，オランダ人教授陣より航海術などが伝授された。

長崎県長崎市江戸町

適塾
1838 年に緒方洪庵が大坂に開いた蘭学塾。明治初年に閉鎖され，現在は史跡として保存されている。1848 年ころ佐野が学んだ。
大阪市中央区北浜 3-3-8
TEL 06-6231-1970

日本赤十字社
明治 20 年に博愛社を改称して設立された。初代社長を佐野常民が務めた。１階ロビーに佐野の銅像がある。
港区芝大門 1-1-3
TEL 03-3438-1311

國　雄行（くに・たけゆき）

1964年, 東京都生まれ。
1995年, 中央大学大学院文学研究科博士後期課程退学。近代社会経済史専攻。神奈川県立博物館学芸員, 東京都立短期大学助教授を経て、現在、首都大学東京大学院教授。

編著書：

『博覧会の時代――明治政府の博覧会政策』(岩田書院)
『博覧会と明治の日本』(吉川弘文館・歴史文化ライブラリー)
「第二回内国勧業博覧会の開催」(『近代日本の政治と社会』岩田書院)
「アジア博覧会の構想と挫折」(『近現代日本における外国文化・思想の受容とその展開過程に関する学際的研究』東京都立短期大学)
「内国勧業博覧会出品物にみる機械工業の変遷」(『日本近代史概説』弘文堂)
「ペリー来航と西洋農具」(『神奈川県立歴史博物館総合研究報告――総合研究 - 開国と異文化の交流』(神奈川県立歴史博物館)
ほか

佐賀偉人伝09《さがいじんでん09》

佐野常民《さのつねたみ》

2013年　3月　5日　初版印刷
2013年　3月15日　初版発行

著　者　國　雄行《くにたけゆき》
発行者　七田忠昭
発行所　佐賀県立佐賀城本丸歴史館《さがけんりつさがじょうほんまるれきしかん》
佐賀県佐賀市城内2-18-1　〒840-0041
電話 0952-41-7550
FAX 0952-28-0220
装　丁　荒木博申（佐賀大学）
編集協力　和田夏生（工房＊アステリスク）
印　刷　福博印刷株式会社

歴史資料の収録にあたり、一部に不適切と考えられる表現の記載もありますが、その史料的な価値に鑑み、そのまま掲載しました

ISBN978-4-905172-08-6　C3323

佐賀偉人伝 既刊（2013年3月現在）

A5判・112頁・本体価格952円＋税

佐賀偉人伝01
鍋島直正
杉谷 昭 著
ISBN978-4-905172-00-0

佐賀藩が近代化を進めるにあたって強力なリーダーシップを発揮したのが第10代藩主・鍋島直正です。本書は、鍋島直正が推進した"抜本的な改革"と"驚くべき挑戦"について、具体的な資料にもとづいて解説します。さらに、刻々と変化する幕末の政治状況下における鍋島直正の動向にも迫っています。

佐賀偉人伝02
大隈重信
島 善髙 著
ISBN978-4-905172-01-7

不屈の政治家として生涯を貫き、早稲田大学の創設者としても知られる大隈重信。本書は、わが国はじめての政党内閣を成立させた政治家としての足跡や、教育へむけた情熱と理念などを中心に、大隈の生涯を解説します。日本の近代化に関わるさまざまな分野での活躍についても紹介した大隈案内の決定版です。

佐賀偉人伝03
岡田三郎助
松本誠一 著
ISBN978-4-905172-02-4

第1回文化勲章受章者である岡田三郎助は、美人画に独特の優美さをたたえ、"色彩の画家"と評されました。東京美術学校（現東京藝術大学）で教鞭を執り多くの洋画家を養成し、画壇においては帝国美術院会員（のち帝国藝術院会員）、帝室技芸員として美術界を牽引しました。絵画作品のカラー図版も多数収録。

佐賀偉人伝04
平山醇左衛門
川副義敦 著
ISBN978-4-905172-03-1

江戸末期に佐賀藩でいちはやく導入された西洋砲術は、本藩にさきがけて武雄において、領主・鍋島茂義の指揮のもとに推進されました。その最前線にあって当時最新鋭の技術導入に奮闘した平山醇左衛門は、突然の斬首という不可解な死を遂げました。歴史に埋もれた人物に新たな光が当てられます。

佐賀偉人伝05
島義勇
榎本洋介 著
ISBN978-4-905172-04-8

島義勇は、明治初期に開拓判官として北海道に入り、札幌を中心とする新都市建設のために尽力しました。新政府はどのような目的で開拓使を設置し、旧佐賀藩主・鍋島直正を初代開拓長官に、島を判官に選任したのか。さらに北海道開拓における島の苦難に満ちた取り組みについて検証します。

佐賀偉人伝06
大木喬任
重松 優 著
ISBN978-4-905172-05-5

大木喬任は、初代文部卿として近代的教育の確立に力を尽くし、司法卿として法制度の構築を進めるなど、明治前期のわが国の制度づくりにたずさわりました。枝吉神陽、中野方蔵、江藤新平ら早逝の師友に触発されて深く歴史に学び、経世家として評価された大木が、新しい時代へむけて抱いた構想と功績に切りこみます。

佐賀偉人伝07
江藤新平
星原大輔 著
ISBN978-4-905172-06-2

江藤新平は、微禄の武士でありながら藩内で頭角を現わし、明治政府においては、司法や教育をはじめさまざまな制度づくりに八面六臂の活躍を果たしました。本書は、いまだ具体的に明らかにされていない幕末の永蟄居中の動向や新政府登用直後の活動など、江藤のさまざまな動きについて綿密に追跡しています。